Joven ¡tú vales!

Cómo vivir la vida victoriosa

- Patricia Carrasco de Salgado
- Erik Vásquez Cifuentes
- Isaí Romero Castro
- Hebert Palomino
- Samuel Rodríguez
- Roberto Cabrera-Coenes
- Juan Carlos Cevallos
- Marlo René López
- Pablo A. Deiros

CASA BAUTISTA DE PUBLICACIONES

CASA BAUTISTA DE PUBLICACIONES

Apartado Postal 4255, El Paso, TX 79914, EE. UU. de A.

www.casabautista.org

Las citas bíblicas han sido tomadas de la Santa Biblia, versión Reina-Valera, revisión de 1960, a menos que se indique de otra manera. Las siglas RVA indican que la cita fue tomada de la versión Reina-Valera Actualizada.

Ediciones: 1995, 2000
Tercera edición: 2005

Clasificación Decimal Dewey: 248.83

Temas: Jóvenes – Vida Cristiana
Biblia – Estudio

ISBN: 0-311-12257-4
CBP: 12257

3 M 11 05

Impreso en Colombia
Printed in Colombia

CONTENIDO

PRESENTACION

Es un gran privilegio presentarles otro libro de la serie: Para Ministerios Juveniles. El libro ¡JOVEN, TU VALES! fue escrito por líderes y ministros de jóvenes que trabajan en el mundo hispano. El propósito de este libro es ayudar a capacitar a nuestros jóvenes para una vida de victoria en un mundo difícil. Pensamos que con los argumentos bíblicos tenemos un adecuado camino de orientación.

¡JOVEN, TU VALES! ofrece ideas y sugerencias prácticas para ayudar a los consejeros o personas que trabajan con jóvenes. Cada capítulo contiene una sección de Sugerencias para estudio personal y en grupo; para motivar a los jóvenes a estudiar el libro, intercambiar criterios y profundizar en los temas y asuntos relacionados con la vida triunfante.

¡JOVEN, TU VALES! es un libro ideal para el estudio individual, como recurso de estudio en retiros y campamentos de jóvenes, en conferencias, para consejería, para temas de discusión en las reuniones juveniles dentro y fuera del templo.

Este libro es el fruto del aporte de ideas de varios líderes de los diferentes países. De este grupo salió el aporte inicial de ideas para confeccionar el bosquejo-contenido del libro. Agradecemos a: Ester Puertas de Meza, Colombia; Luisa López de Fernández, España; Samuel Pérez Hernando, España; Jorge Ovando, Argentina; Harolt Segura, Colombia; Edgar Castaño, Colombia; Carlos Meretta, Argentina; Roberto Salgado, Chile; José Baquero, Ecuador; Nancy de Nicolalde, Ecuador; Arcenio Aguilar, Venezuela; Lilia Pineda Doria, Colombia; Miryam Díaz, Guatemala.

LOS AUTORES

PATRICIA CARRASCO DE SALGADO. Escribió la introducción. Es chilena; profesora de educación básica, y esposa de pastor. Desde que era soltera trabaja con grupos juveniles.

ERIK VASQUEZ CIFUENTES. Escribió el tema *Base bíblica para la vida victoriosa*. Erik escribió el libro ¡En Marcha Hacia la Meta! Es chileno; es kinesiólogo. Por varios años ha trabajado en el ministerio estudiantil de la Comunidad Internacional de Estudiantes Evangélicos.

ISAI ROMERO CASTRO. Escribió el tema, *Santo vs. santulón*. Es colombiano; es licenciado en teología; es pastor y es coordinador del Ministerio de Consejería TELEAMIGO.

HEBERT PALOMINO. Escribió el tema *Crisis, conflictos, traumas y vida victoriosa*. Hebert, es nativo de Colombia. Obtuvo su doctorado en teología y consejería del Seminario Bautista del Suroeste de los Estados Unidos. Sirve como misionero en Perú.

SAMUEL RODRIGUEZ. Escribió el tema *Decisiones y relaciones correctas*. Es mexicano; es psicólogo y pastor en una creciente iglesia mexicana.

ROBERTO CABRERA-COENES. Escribió el tema *Fuerzas de influencia que enfrenta el joven*. Es paraguayo; es periodista y sirve en el área de las comunicaciones en la Convención Bautista.

JUAN CARLOS CEVALLOS. Escribió el tema *Victoria sobre algunas trampas comunes*. Es ecuatoriano; obtuvo su doctorado en teología en el Seminario Teológico Bautista Internacional de Colombia. Sirve como rector del Seminario Bautista de Ecuador.

MARLO RENE LOPEZ. Escribió el tema *La santidad como proceso de crecimiento*. Es hondureño. Ha servido como líder juvenil en las áreas de evangelismo y misiones. Sirve como pastor y rector del Seminario Bautista de Honduras.

PABLO A. DEIROS. Escribió el tema *Influencia y presencia*. Es argentino; doctor en teología, pastor y profesor del Seminario Internacional Teológico Bautista de Argentina.

INTRODUCCION

Patricia Carrasco de Salgado

¡Joven, tú vales! En ti está la energía, la vitalidad, la fuerza. Eres un torbellino de ideas, de pensamientos valiosos, disposición extensa, salud abundante, mente despierta. Eres cual piedra preciosa que necesita ser pulida para convertirse en una joya bella y valiosísima para contribuir a hermosear, resplandecer y mejorar la humanidad, puesto que tú y yo somos luminares en el mundo, somos cristianos, creaturas de Dios.

¿Te das cuenta? Dios te ha creado, eres el clímax, la corona de la creación de Dios, quien te ha puesto con la responsabilidad para señorear o dominar sobre toda la creación. Tienes la imagen misma de nuestro Dios. El relato bíblico es claro al indicarnos esto Ciertamente la imagen de Dios incluye la idea de la perfección moral del hombre antes del pecado, la capacidad de entrar en comunión con Dios, la personalidad del hombre y su inmortalidad. Después que entró el pecado, esta imagen no fue destruida, sólo dañada y puede volver a restaurarse con Cristo. Entonces "Imago Dei" es volver a relacionarse con él con todas las capacidades (razón, sentimientos, emociones, voluntad, espíritu), volver a ser íntegro ante la presencia de Dios.

Lo que Dios desea para ti es lo mejor, personal y socialmente. Tu inteligencia y tus capacidades intelectuales son superiores a las de los animales. Tú debes buscar la manera de desarrollarlas para el servicio de Dios. Por eso... ¡Joven, tú vales!

En los capítulos siguientes podrás descubrir cómo el Señor puede restaurarte, perdonarte y hacer de ti una nueva criatura. Esta experiencia te da la base para establecer buenas relaciones contigo mismo, con los demás y con Dios. Pero esta nueva criatura debe vivir de acuerdo con un plan: ¿del mundo o de Dios? Podemos responder inmediatamente, ¡de Dios!, y...¿qué hay del mundo? A veces creemos que para demostrar que somos nuevas criaturas debemos ser meditativos, reírnos bajo, mirar hacia el suelo. En realidad, por pretender ser santos, apartados, diferentes, resplandecientes, nos volvemos "santulones", sin relacionarnos con la vida real. Debes ser santo porque Dios es Santo. Llegas a ser santo porque has sido apartado para el uso de Dios.

Tienes muchos privilegios y deberes que involucran responsabilidad hacia Dios y el prójimo. Debes aceptar tu vida como un tesoro e invertirla en forma sabia, para que tus frutos sean los mejores para beneficiar al mundo. ¿Tienes un complejo? No te angusties, también habrá un capítulo que te enseñará cómo ser victorioso a pesar de esos traumas, dificultades y complejos; cómo superarlos y salir adelante.

Los jóvenes llegan a una edad en que deben escoger su futura pareja dentro del pueblo de Dios, sus estudios y su profesión, todo lo cual debe ser lo que más satisfacción personal le dé contribuyendo en una manera positiva al bien de la humanidad. Por supuesto que algunas vivencias pueden hacer difícil la vida cristiana. Estas pueden ser: la cultura que incluye el modo de vida en determinado lugar, el cual es infinitamente diverso; las tradiciones, los usos y costumbres; la moda, los compromisos sociales, la "presión del grupo", etc. Todas estas fuerzas de influencias van formando al ser humano, el cual posee muy pocas pautas heredadas, fijas de conducta. La personalidad, hábitos, valores, actitudes, motivos e impulsos de cada individuo son adquiridos más bien que heredados, aunque se estructuran sobre las características anatómicas, fisiológicas y psicológicas innatas del individuo. Casi toda la personalidad se adquiere de la interacción social. Para enfrentarte a estas fuerzas de influencia también encontrarás una sana ayuda en las páginas de este libro, para que puedas vencer y crecer dentro de la comunidad de los santos.

¡Joven, tú vales! Con tu energía, tu inteligencia y sabiduría, con tu vida de santidad, y sobre todo con Cristo (de donde proviene esa sabiduría) siendo el centro y quien guía tu vida, el mundo del siglo XXI que pronto se avecina no será un mundo de fracasados, de hogares y de vidas destrozados por la infelicidad; será un mundo de jóvenes y personas victoriosas e influyentes, que ayudarán a otros a sentirse útiles y victoriosos, porque... ¡Joven, tú vales!

CAPITULO 1

BASE BIBLICA PARA LA VIDA VICTORIOSA

Erik Vásquez Cifuentes

La culpabilidad y sus efectos

Cuando la culpabilidad y el remordimiento nos aplastan hay momentos en la vida tan amargos, que nos dejan sin fuerzas para luchar, sin valor para enfrentar las situaciones agobiantes, sin motivación y con escaso interés para seguir viviendo. Cuando nuestra mente se revuelve con sentimientos de autolástima, por momentos hasta el suicidio parece una opción válida.

En momentos así, defraudados del sistema, de los amigos, de la iglesia, porque no viven lo que hablan; cuando nos sentamos en un rincón oscuro y lloramos delante de Dios sin saber por qué tanta desesperación y soledad, sólo la realidad de su cruz y su resurrección nos sostienen.

Es así como en ocasiones experimento la vida y, sin duda, la vida victoriosa en la fe no es sólo cantar con alegría en los cultos y en las reuniones juveniles, ni vivir con una eterna sonrisa palmoteando el hombro de nuestros hermanos.

La vida victoriosa se traduce también en aprender a vivir las angustiantes horas y los momentos amargos delante del Señor, sometiendo todo delante de su cruz por fe, creyendo que él nos ha liberado y ha pagado el precio para nuestra paz y nuestro consuelo. Porque eso también es parte de la dimensión de su salvación.

El proceso de la sanidad comienza con la confesión de nuestros pecados. Nuestros pecados no confesados se traducen en un alejamiento de Dios, no es que Dios se aleje de nosotros, sino que el enemigo nos hace pensar que ya no somos dignos de él, y que hemos perdido su amor, que no lo merecemos.

Esta realidad, que en ocasiones se traduce en sentimientos de culpabilidad, en desánimo en la oración, en indiferencia con otros, en una especie de enfriamiento en la fe, es como un círculo vicioso creciente. Si cometo pecado, me siento indigno delante de él y no le busco. Al descartar a Dios de mi realidad, mi confusión me llevará a pecar nuevamente, y así sucesivamente.

Es así como muchos cristianos se han conformado con vivir una fe sin mucho sentido, muchas veces con serios sentimientos de frustración y hasta amargados. Otros, al enfriarse su fe simplemente renuncian alejándose de las iglesias y abandonando las filas de la fe cristocéntrica.

Por otra parte, frustraciones, complejos, temores, heridas del pasado, pecados personales, son una parte de aquello en lo que Dios se preocupa en sanar y restaurar. Dios no sólo puede sino que desea hacerlo en la medida que sometemos cada asunto a su soberanía, a su señorío.

Aquello que fue, ya es; y lo que ha de ser, fue ya; y Dios restaura lo que pasó (Eclesiastés 3:15).

Sí, la vida victoriosa y abundante es fruto de esta restauración que él hace.

El amor incondicional de Dios y su perdón

Con frecuencia esperamos ser queridos y aceptados por las personas. Todos lo necesitamos. Esta aceptación siempre resulta ser en alguna medida condicionada; porque somos seres humanos y la cultura nos ha moldeado así.

Por esta misma razón vivimos siempre con la impresión de que nuestra felicidad depende de ser aceptados por otros, y sufrimos cuando esto no ocurre.

Miremos las Escrituras y descubramos lo que dice allí al respecto: "Mas a todos los que le recibieron, a los que creen en su nombre, les dio potestad de ser hechos hijos de Dios" (Juan 1:12).

Juan plantea que nuestra felicidad, es decir el sentido de nuestra vida, no está basada en lo que poseemos, en los logros alcanzados, ni tampoco sólo en el amor y aceptación de la familia, aunque sin duda esta aceptación siempre es muy importante para nosotros. Ni siquiera esta felicidad depende de que nuestra pareja nos acepte y ame como somos. La felicidad, el sentido de la vida, el valor de nuestra vida, dependen fundamentalmente de que Dios mismo nos ama y nos acepta tales como somos, y nos ha hecho sus hijos o hijas. Y este amor que procede de él nace de su iniciativa. *Dios ha decidido amarnos a cada uno.*

Cuando todo está bien, hay trabajo, éxito en los estudios y personas que nos quieren, esta verdad profunda y fundamental del evangelio y de la gracia de Dios parece no tener eco en nuestra mente ni en nuestro corazón.

Sólo cuando todo falta: amigos, posesiones y amor de otras personas, aquellos tiempos en que hasta la esperanza hemos perdido y nos sentimos total y absolutamente abandonados y solos, es que descubrimos y nos apropiamos de la dimensión de su amor incondicional por nosotros.

El apóstol Pablo había aprendido esta verdad en las situaciones más adversas. Cuando nada le quedó, Cristo era su todo. "¿Quién nos separará del amor de Cristo? ¿Tribulación, o angustia, o persecución, o hambre, o desnudez, o peligro, o espada?

Como está escrito:

Por causa de ti somos muertos todo el tiempo;
Somos contados como ovejas de matadero.

Antes, en todas estas cosas somos más que vencedores por medio de aquel que nos amó. Por lo cual estoy seguro de que ni la muerte, ni la vida, ni ángeles, ni principados, ni potestades, ni lo presente, ni lo por venir, ni lo alto, ni lo profundo, ni ninguna otra cosa creada nos podrá separar del amor de Dios, que es en Cristo Jesús Señor nuestro" (Romanos 8:35-39).

Es aquí donde entra en juego también la dimensión del sufrimiento. En ocasiones el sufrimiento nace como consecuencia de nuestro pecado voluntario, pero es el resultado de la lucha entre los valores del reino de Dios, en base a los cuales él desea que aprendamos a vivir, que se enfrentan a los arraigados valores que se nos han enseñado desde niños, que aparentemente son buenos e inofensivos, pero que en ocasiones estorban el trabajo de Dios.

Dios trabajó en mi vida así muchas veces. Cuando ingresé a la universidad, me trasladé de ciudad, y el lugar donde comencé a vivir era muy diferente al hogar donde antes vivía con mi familia. Muchas cosas simplemente faltaron. Viví un período de adaptación que fue muy difícil, con muy poca calefacción en los fríos inviernos cuando la temperatura era inferior a cero grados centígrados. Lavar mi ropa, en ocasiones cocinar, se agregaban a las carencias y a las actividades extras de la pesada carga académica típica de la carrera de medicina. Aún más, creo que el peor peso era la abrumadora soledad que lentamente comenzaba a hacer presa de mí.

Todo este período fue tan difícil que llegué a una depresión que me afectó mucho.

Pero, en cuanto aprendí de todo eso, en cuanto aprendí a orar, a depender de Dios, a creer que a pesar de todo lo difícil, él estaba allí cada día conmigo, amándome, aprendí a amar mucho más a mis padres, pues a la distancia mi percepción de ellos era diferente. Ahora les comprendía en muchas cosas. Cuando miro al pasado, me doy cuenta de que todo eso era necesario; Dios me enseñó, me pastoreó, me amó profundamente, aunque muchas veces me costó comprenderlo así.

La autoridad de la cruz de Cristo, el principio de la restauración

Aunque yo ya me había convertido al evangelio, por años me pregunté: ¿Cómo puedo hablar de la libertad que hay en el Señor Jesucristo si yo mismo vivo sin paz, esclavo de mis propias luchas?

Dios comenzó a responder a mis oraciones y mis preguntas a medida que fui descubriendo en las Escrituras la profundidad y la vigencia de su sacrificio en la cruz.

Y es de esa autoridad de la cruz de Cristo de la cual quiero compartirles. Les invito a orar un momento en silencio para luego escudriñar juntos las Escrituras.

"Por cuanto todos pecaron, y están destituidos de la gloria de Dios, siendo justificados gratuitamente por su gracia, mediante la redención que es en Cristo Jesús, a quien Dios puso como propiciación por medio de la fe en su sangre, para manifestar su justicia, a causa de haber pasado por alto, en su paciencia, los pecados pasados" (Romanos 3; 23-25).

Por causa del pecado del hombre, todos y cada uno de nosotros estamos privados de vivir en una relación de comunicación satisfactoria con Dios. Vivimos intentando hacer lo bueno, pero no siempre lo logramos. Ni las buenas intenciones, ni la voluntad humana pueden restaurar esta relación con Dios que ha sido quebrada por el pecado.

No importa cuánto esfuerzo hagamos al respecto, no nos es posible remediar las consecuencias del pecado, ni perdonarnos a nosotros mismos. Es aquí donde cobra valor la intervención de Dios. Juan Wesley, precursor del movimiento metodista, testificó respecto de su propia experiencia de descubrir la maravillosa gracia de Dios.

Luchó, oró, ayunó, leyó la Biblia, predicó, pero su fe era estéril. No pudo encontrar la paz, ni la seguridad. Un día 24 de mayo de 1738, dos cosas ocurrieron; en la mañana escuchó el canto de un salmo que penetró en su corazón: *Señor, escucha mi voz,* y pudo identificarse con este grito de desesperación. Después, en una reunión con los moravos tuvo una experiencia. Un hombre comenzó a leer el prefacio de Lutero a la epístola a los Romanos. El pasaje era casi seguro sobre el Espíritu Santo que nos da nuevos corazones, nos llena de gozo, éxito e inflama nuestros corazones para hacer con su voluntad y amor aquellas cosas que la ley demanda.

Escribe en su diario: "Cerca de las 8:45 sentí arder mi corazón con un calor extraño, sentí que confiaba en Cristo, tuve la seguridad de que mis pecados habían sido perdonados; luego testifiqué a todos los que estaban allí, lo que por primera vez sentía en mi corazón."

Sí, somos justificados por él, por su voluntad, por su gracia. No porque lo merezcamos. Dios en su compasión, al ver nuestra situación humana, toma la iniciativa de restituirnos en la relación con él, mediante el perdón de nuestros pecados. Cuando todo esfuerzo ya ha sido hecho y no queda nada más por hacer, Dios viene y nos perdona, nos da vida nueva, nos salva para involucrarnos en sus propósitos y en sus planes.

Todo sucede por la fe en un hecho histórico concreto: la cruz de Cristo, y por la aceptación de que su muerte y su resurrección son necesarias y suficientes. El restablece así su paz con nosotros, perdonándonos incondicionalmente y para siempre. Así lo asegura Romanos 5:1, 2: "Justificados, pues, por la fe, tenemos paz para con Dios por medio de nuestro Señor Jesucristo; por quien también tenemos entrada por la fe a esta gracia en la cual estamos firmes, y nos gloriamos en la esperanza de la gloria de Dios."

Se hace necesario rescatar el concepto de la justificación y el valor vivencial de la gracia de Dios. *La libertad* comienza con la justificación.

"Mas Dios muestra su amor para con nosotros, en que siendo aún pecadores, Cristo murió por nosotros" (Romanos 5:8).

Sólo su amor le llevó en obediencia hasta la muerte; *es suficiente* para nosotros, y es su amor lo que nos hace valiosos.

Completa la siguiente frase:

Yo ————————————— tengo valor como persona,
        (mi nombre)   porque Dios me amó.

Sí, somos justificados por su obra ya realizada en la cruz. Su muerte es suficiente, y esta justificación es para siempre. Escudriñemos las Escrituras una vez más y acerquémonos a la cruz del Señor.

"Ciertamente llevó él nuestras enfermedades, y sufrió nuestros dolores; y nosotros le tuvimos por azotado, por herido de Dios y abatido. Mas él herido fue por nuestras rebeliones, molido por nuestros pecados; el castigo de nuestra paz fue sobre él, y por su llaga fuimos nosotros curados. Todos nosotros nos descarriamos como ovejas, cada cual se apartó por su camino; mas Jehová cargó en él el pecado de todos nosotros" (Isaías 53:4-6).

No hay pecados ni rebeliones, por muy graves que parezcan ser, que él no perdone. No hay carga nuestra que él no quiera soportar y hacer suya. No hay angustia que él no pueda escuchar y sanar. No hay dolor del corazón que él no pueda consolar.

Utilizando la ilustración de un hospital, diríamos que no todo el tiempo somos pacientes enfermos. Dios nos restaura y nos sana; pero no para que vivamos pendientes de nuestras enfermedades pasadas, sino más bien para vendar las heridas de los que vienen tras de nosotros en la batalla por el evangelio.

La siguiente secuencia nos ayuda a entender mejor todo este proceso:

> CONFESION
>   SANIDAD
>   LIBERTAD
>   COMPROMISO

Trabajo práctico:

Estudio bíblico en grupos pequeños de cinco o seis personas sobre el pasaje de Isaías 53:4-6.

❋ Haz una lista de todo aquello que el Señor ya hizo en la cruz por ti, a partir de este texto. ¿Qué ideas o elementos son nuevos para ti?

❋ ¿Cómo interpretas o entiendes la siguiente frase? "...el castigo de nuestra paz fue sobre él, y por su llaga fuimos nosotros curados", v. 5.

❋ Haz una lista de todas las situaciones personales que

recuerdes donde aún hay pecados, rebeliones y heridas sin sanar. ¿Sabes?, el Señor fue a la cruz para darte libertad de esas luchas. Confiesa al Señor lo que has descubierto, acércate con confianza a su cruz. El tiene autoridad y amor para sanarte de todo aquello que aún te atormenta o te frena.

Sanidad interior y libertad como proceso

La experiencia del apóstol Pablo, que ha trascendido e inspirado a miles de cristianos en dos mil años de historia de la iglesia, para él resultó ser una experiencia difícil y dolorosa. Lo que Pablo transmite en sus cartas es el fruto de lo que Dios hizo con él tras un largo camino de luchas.

Examinaremos algunas situaciones particulares en la vida de Pablo, y nos adentraremos en ese camino de luchas desde el cual Dios comenzó a sanarle y a liberarle.

Pablo no siempre fue un cristiano fuerte, lleno de fe y convicciones. Su primera gran batalla fue entre su nueva fe y él mismo, fue con su propio pecado; aquí comenzó su crisis.

"Porque lo que hago, no lo entiendo; pues no hago lo que quiero, sino lo que aborrezco, eso hago... De manera que ya no soy yo quien hace aquello, sino el pecado que mora en mí. Y yo sé que en mí, esto es, en mi carne, no mora el bien; porque el querer el bien está en mí, pero no el hacerlo. Porque no hago el bien que quiero, sino el mal que no quiero, eso hago. Y si hago lo que no quiero, ya no lo hago yo, sino el pecado que mora en mí" (Romanos 7:15, 17-20).

Pablo se enfrenta a la constante contradicción entre querer hacer el bien, y no poder hacerlo; no desea pecar, pero de igual forma lo hace. A modo de ilustración, podemos pensar en el pez que ha caído en las redes del pescador, que mientras intenta salir moviéndose, más se enreda. La única forma de salir es que lo saquen.

El pecado no sólo es real, sino también complicado; y el caso de Pablo es el caso de muchos cristianos. Tenemos a un Pablo confundido, angustiado, con buenas intenciones, pero lleno de culpabilidad, luchando por ser lo más honesto posible con Dios, con él mismo y con los demás. Vemos a un hombre ya cansado con esta situación. En el versículo 24 de Romanos 7, hay un grito desgarrador: "¡Miserable de mí! ¿quién me librará de este cuerpo de muerte?" Es como si sintiera en las entrañas el dolor y el latido de su corazón agitado por la desesperación.

Tras esta experiencia, Pablo descubre que la liberación de la red que le aprisiona, está en Cristo. No hay magia en esto, los cambios no son de un día para otro, más bien son un proceso.

Demos atención a sus palabras en 2 Corintios 5:17 y descubramos parte de este proceso: "De modo que si alguno está en Cristo, nueva criatura es; las cosas viejas pasaron; he aquí todas son hechas nuevas."

Aquí Pablo declara no sólo la posibilidad, sino también la realidad de la nueva criatura; no es una posición o conclusión filosófica, sino el resultado de su propia experiencia; y la condición necesaria para esta nueva vida es estar en Cristo. El es la base y el inicio de esta nueva experiencia de vida, una experiencia que no sólo tiene relación con la conducta, sino también con nuestros pensamientos, con nuestra forma de ver la vida, con una nueva cosmovisión que brota de la soberanía de Dios en nosotros, y por ello de la acción edificante del Espíritu Santo.

Es, por otra parte, la necesidad, la confianza y la convicción de que Dios le perdona, pues "...las cosas viejas pasaron...". Dios se ha encargado de las consecuencias del pecado. Ante el arrepentimiento de Pablo, Dios le liberó del pasado.

Es también desatarnos de las cadenas y lastres del pasado que nos frenan. Nos ayuda aquí a modo de comparación la figura de un condenado, un preso, que está atado con cadena a una bola de acero, la cual le impide caminar a un ritmo normal. Nos desatamos intelectual y emocionalmente de todo aquello que nos impide desarrollar el propósito de Dios en nosotros, que nos estorba para obedecerle y ser consecuentes con la fe.

"...Las cosas viejas pasaron..." implica también que nuestra conciencia está limpia, hemos confesado nuestros pecados y estamos en paz con Dios.

Pablo comunica también esta idea vital en Filipenses 3:13: "Hermanos, yo mismo no pretendo haberlo ya alcanzado; pero una cosa hago: *olvidando ciertamente lo que queda atrás*, y extendiéndome a lo que está delante..."

Tenemos la tendencia a vivir del pasado, constantemente dolidos por remordimientos y frustraciones o aferrados a éxitos y victorias ya antiguos, y hacemos girar nuestra vida en torno a esos recuerdos. ¿Sabes? Vivir del pasado también es una forma cómoda de no enfrentar los desafíos que nos demanda Dios hoy.

¿Qué debes olvidar en tu vida, dejándolo atrás, para extenderte a aquello que Dios tiene para ti en el futuro?

¿Qué debe quedar atrás? Tal vez ilusiones sin sentido, sueños frustrados, depresiones, excusas, remordimientos.

Es interesante que Pablo, un hombre con un pasado que le pesó mucho, pues antes de ser apóstol fue perseguidor de la iglesia, se enfrenta a dos opciones y decide por la mejor.

Una de esas opciones era pasarse la vida complicándose a causa de sus crisis existenciales, sintiéndose y viviendo como la víctima atrapada por las circunstancias en un laberinto sin salida y poniendo como constante excusa la limitación de su enfermedad, de ese aguijón en la carne con el que siempre tuvo que vivir (2 Corintios 12:7-10).

La segunda opción, era reconocer que era un hombre débil, lleno de pecado, en constantes crisis y enfermo, y que todas esas cosas viejas pasaron. Era creer por fe, y *decidir vivir cada día* como un hombre sano, cuyo parámetro de valoración y acción era siempre el *provecho de los otros*.

Principios que se desprenden para trabajar en la propia vida:

1. Dios es el que llama, y lo hace con toda nuestra historia personal previa, aunque ésta sea negativa.
2. Dios restaura el pasado.
3. Dios usa el pasado para bendecir en el presente.
4. Dios es Soberano, Señor de la historia.
5. El comienzo de la salud y la libertad es decidir amar al prójimo como a uno mismo y gastar la vida en *provecho de los otros*.

Aprender a amar al prójimo es un proceso que requiere aprendizaje y para esto hemos de trabajar disponiéndonos y decidiendo tomar iniciativas en favor de otras personas. El Señor Jesucristo en esto es nuestro modelo. El mismo siempre tomó iniciativas, se acercó a las personas, estuvo con ellas, les enseñó, les escuchó, se interesó seriamente en ellas. Gastó muchos días y horas de su tiempo con la gente. Caminó muchos kilómetros en las ciudades y aldeas sanando, enseñando y predicando el evangelio. Se dio a sí mismo por las personas en sacrificio vivo. Jesús no predicó desde el balcón, sino desde la propia realidad y por esa misma realidad.

Amar no es sólo dar sino más bien darse a los demás, gastar la vida por otros, y esto es lo que nuestro Maestro hizo. Sin duda él es nuestro mayor ejemplo.

El apóstol Pablo expresa también esta idea en Romanos 12:1, 2: "Así que, hermanos, os ruego por las misericordias de Dios, que presentéis vuestros cuerpos en sacrificio vivo, santo, agradable a Dios, que es vuestro culto racional. No os conforméis a este siglo, sino transformaos por medio de la renovación de vuestro entendimiento, para que comprobéis cuál sea la buena voluntad de Dios, agradable y perfecta."

Pablo se pone a la defensiva respecto de las influencias negativas y conformistas que la presión del mundo ejerce sobre nosotros. Su argumento está basado en la propia misericordia de Dios, en su propia compasión, en su propio ejemplo de vida y de sacrificio vivencial y práctico.

Pablo sabe, como nosotros, que el conformarnos a la influencia de este siglo significa, entre muchas otras cosas, caer en la trampa de la deshumanización, pues justamente eso es lo que sucede. Comenzamos a interesarnos tanto en nosotros mismos y en nuestros propios intereses que, lentamente y de manera sutil, nuestro interés por otras personas comienza a desaparecer. Hablar e intentar entusiasmar o otros con el tema del amor al prójimo se transforma en un juego de palabras y no en una vivencia personal.

El hace un llamado serio y responsable a no conformarnos a las situaciones que el medio nos impone: a la relativización de los valores, al consumismo materialista, al egoísmo, al egocentrismo tan característico de nuestra época, a los falsos sentidos del "éxito", al libertinaje sexual, al conformismo, a la ley del menor esfuerzo, a la mediocridad y a la deshumanización, ajenos e indiferentes a las realidades que nos rodean.

¿Qué hacer? Te sugiero algunas ideas prácticas:

Sugerencias para estudio personal y en grupo

* ✳ Practica la oración honesta y arriesgada.
* ✳ Comparte tus bienes con otros. Sacrifica algo que te cueste, no de lo que te sobra.
* ✳ Ayuna.
* ✳ Aprende a perdonar y a perdonarte.
* ✳ Sirve a otros. Rompe los temores, prejuicios y esquemas estereotipados.
* ✳ Atrévete a visitar hospitales, cárceles, orfanatos.
* ✳ Busca un equilibrio entre tu realidad, la realidad humana y la vigencia y autoridad de las Escrituras.

Sólo el contacto con las personas y sus luchas y necesidades nos enseñará a amarles, y sólo esto nos permitirá comprender el valor del evangelio y el amor eterno de nuestro buen Dios.

CAPITULO 2

SANTO *VS.* SANTULON

Isaí Romero Castro

Lo que eres y lo que haces

En la naturaleza existen muchas cosas parecidas. Por ejemplo, algunos insectos que se parecen a otros y sólo con una detallada observación es posible saber realmente de qué especie se trata. Algo parecido sucede con los seres humanos, existen algunos que se parecen mucho a lo que es un cristiano en el pleno sentido de la palabra pero, al observarlos detenidamente, resultan ser una especie de insectos usurpadores. A éstos los llamaremos santulones. Así pues, encontramos a quienes practican el cristianismo verdadero que llamaremos santos y otros, imitadores, que llamaremos santulones.

En la vida del hombre existe la ambivalencia entre lo que es una vida en plena relación con Dios o, por el contrario, una vida separada de él y llena de amargura. Esta situación conlleva a un desequilibrio que marca la existencia de una especie de vida parecida al cristiano verdadero, que son los santulones. Conviene que mires tu vida y te preguntes: ¿Soy santo? o ¿soy un santulón?

El santulón

Un santulón es difícil de definir. Ya hemos dicho que por sus características se parece tanto a los santos que a veces se nos confunde. Sin embargo, una buena manera de arribar a su definición es diciendo lo que no es.

El santulón entonces, es la persona que dice ser cristiana pero no lo es. Es el tipo de persona que no sabe lo que desea, siempre busca pero no encuentra. La personalidad de un joven santulón aparece camuflada, con un disfraz que es muy convincente. Trata por todos los medios de demostrar una vida plena con Dios y lo hace con trivialidades. Es como alguien que está cavando su propia tumba y no sabe la profundidad que tiene, sin saber que de pronto no hay salvación para su vida.

Ser santulón es parecerse a lo que Dios pide que seamos, pero en realidad llevar una vida que ofende y entristece al Señor. El santulón no tiene sinceridad consigo mismo y por lo tanto no la tendrá con los demás. Inconscientemente niega la existencia de Dios y este es el pecado más grande que existe.

¿Cómo identificar a un santulón?

La Biblia es clara en decir: "Por sus frutos los conoceréis,..." (Mateo 7:16, RVA).

Como el mimetismo es tan perfecto y el parecido con los santos es tan tenaz, he aquí algunas características que ayudan a su reconocimiento.

1. Es la persona que habla mucho pero que no cumple nada.
2. Propone y estimula a realizaciones grandiosas y fructíferas, pero a la menor o primera falla, critica y ataca sin compasión.
3. En algunos casos tiene un gran carisma y su voz es escuchada, pero su liderazgo no tiene frutos.
4. Un joven santulón es una persona inestable. Suena mucho pero realiza poco.
5. Su vida sentimental no tiene forma. Es como aquella ave pequeña que va de flor en flor.
6. Fácilmente puede ser llevado por cualquier corriente de doctrina y casi siempre por doctrinas falsas.
7. La persona con tendencias a santulón no tiene una vida devocional o, si la tiene, es casi nula.
8. Es reconocido como lo que es: un santulón.
9. Su dependencia de Dios es tan deficiente que escasamente memoriza un texto bíblico.
10. El joven con características de santulón cuando escucha una predicación que toca sus puntos débiles, siempre proyecta su propia culpa hacia los demás.
11. El santulón propone y exige una vida "santa" de los demás, pero en su propia vivencia la santidad es un mito.

12. El santulón siempre critica aunque todo vaya bien.
13. El santulón vive de emociones pasajeras. En un instante es como un volcán en erupción pero, al momento, parece un témpano de hielo.
14. El santulón no reconoce los dones de sus compañeros.
15. Los jóvenes con rasgos de santulón, no tienen en cuenta la autoridad del pastor o sus líderes.

Con éstas características puedes tener una visión panorámica del estado de santulón, y al mismo tiempo, hacerte una evaluación personal en cuanto a ser santo o santulón.

Vivir de acuerdo con "el mundo"

Es razonable admitir que al leer estos párrafos ya tengas una visión del tema. Sin embargo, mi deseo es que estas líneas puedan mejorar tu relación con Dios y que todo lo que hagas apunte hacia esa meta.

Vivir de acuerdo con el "mundo" es realmente fácil. Es hacer lo que la mayoría de la gente hace. Es amoldarte a lo que tus amigos y conocidos te piden y, sobre todo, cumplir con las exigencias de este tipo de vida. Veamos algunas de ellas:

Una de las primeras exigencias es *mantener una apariencia de "joven de mundo";* es decir, vestir con los rigores de la moda a su cabalidad. La moda llega a ser una prioridad en tu vida. Al comienzo la presión no parece tan fuerte, y hasta tienes razones para mantener este estilo de vida. Por ejemplo: "Es la mejor forma de atraer a las chicas, o chicos, todos te admiran cuando pasas por su lado; además, es de sumo orgullo tener la ropa de moda." Todo suena muy bonito, pero cuando tus padres o tus ingresos personales no pueden sostener el ritmo de la moda, comienzas a sentirte fuera de foco. Ya no tienes tantos amigos como antes, las chicas o los chicos no te admiran como ayer y, entonces, comienza el proceso de frustraciones y sentimientos de inferioridad.

Lo peor es que, a veces, por sostener esa imagen puedes entrar en otros problemas de la "vida de mundo". Por ello, algunos jóvenes y señoritas de esa "vida" se meten con las drogas; otros pasan al "mundo de los delincuentes", robando aun en su propia casa para sostener su "estilo de vida", etc.

Otra exigencia mayormente experimentada por las chicas, es *la moda del sexo.* Una chica que no tenga relaciones sexuales con sus "amigos" o novio se considera que no está al día. Algunas hasta empujan a otras a caer en este error. Son especialistas en crear fantasías y cuentos que llevan a hacer sentir tan fuera de onda a sus compañeras, que éstas, sea por tener qué comentar con las demás chicas o por quitarse la "culpa de la desactualización", resultan involucradas en las relaciones prematrimoniales, terminando así con la vida feliz de su juventud, acabando con los sueños más sublimes y, sobre todo, frustrando su propio futuro.

Junto a este problema de las chicas, está la *información cargada de sexo para los chicos*. Todo apunta al sexo como la base principal de las relaciones personales o sentimentales. Las canciones, las películas, las propagandas, las revistas, etc., de una u otra forma, proponen al sexo como la máxima expresión en la humanidad.

Adherido a esto está *la homosexualidad*. La falta de una educación sexual en el hogar y en la iglesia, hace que encontremos a algunos jovencitos tratando de aventurarse en la posibilidad de una experiencia de este tipo, sin saber que es una trampa de donde es casi imposible salir.

Además, la exigencia de *la búsqueda de poder y realización* se está tornando cada vez más fuerte. Todo joven sueña con tener algo en la vida, siempre está tratando de demostrarse a sí mismo y a los demás que es capaz. Lamentablemente, estos impulsos los están aprovechando personas mal intencionadas como los grupos subversivos, organizaciones de ritos satánicos, movimientos de sicarios y narcotraficantes. Un jovencito, entre los 12 a 18 años, sin una orientación cristiana firme, será un candidato para estos falsos medios de adquirir poder. Añadido a lo ya dicho, la fantasía del dinero que se muestra en estas organizaciones llega a ser la carnada de un anzuelo cuyo hilo está sujeto a la destrucción.

Una exigencia más del mundo de hoy para los jóvenes, es *el baile moderno*. El baile como expresión de alegría no tiene nada de malo, pero en nuestro medio un joven o señorita que se denomine cristiano no lo debe hacer. Toda persona que le observe se preguntará: ¿Y éste no es un evangélico? He ahí la mayor razón para evitar caer en el error del baile. Otra razón es la falta de respeto que se da a la mujer, mayormente. La proximidad corporal, el tipo de música y el posible uso de bebidas alcohólicas, hacen que la pareja sea expuesta a situaciones muy vergonzosas. Por otra parte, todo cristiano debe dar testimonio de su fe y comportarse como tal.

En esto también debemos incluir *las bebidas alcohólicas*. Muchas veces en reuniones especiales de la casa o iglesia, como en el Día de la Madre o el Padre, fiestas juveniles, etc., se ofrece una copa de champaña u otro vino "ligero e inofensivo". Generalmente a estos eventos asisten personas no creyentes que, al notar la "insignificante" copa de vino, se forman un criterio equivocado del evangelio y de la congregación u hogar en cuestión. Para la mayoría de las personas, los cristianos evangélicos no utilizan vino, ni manifiestan su alegría con bailes. Entonces, recordemos que podemos vivir y celebrar sin bebidas alcohólicas.

Otra forma de vida mundanal que a cada momento se torna más fuerte, es *la falta de respeto a los padres*. A éstos sólo se les tiene en cuenta por el beneficio que ellos pueden ofrecer, pero cuando llega el momento en el cual los padres deben aplicar la disciplina correctiva o formativa, los hijos buscan la ley del menor esfuerzo. Esa ley, según ellos, consiste en salir de su hogar para hacer su propia vida, y muchas veces pasan a engrosar las filas de los delincuentes mencionados anteriormente.

En muchos casos un joven que se somete a la disciplina de sus padres es considerado como anticuado, como un "fuera de onda" que no se adapta al mundo moderno. Es como un ser extraño al cual se le hace a un lado, se le aisla y poco se le tiene en cuenta.

La "vida de mundo" también se manifiesta en *la búsqueda de títulos y logros educativos para ser "aceptado"*. Pareciera que si un joven o señorita, por cualquier motivo, no llega a un nivel educativo superior no puede pertenecer a un grupo especial de amigos y a veces, aunque es triste decirlo, tampoco puede pertenecer al grupo de "privilegiados" de la iglesia. Debemos procurar alcanzar la mayor formación educativa posible motivados por un deseo de superación, pero ésta no debe ser la causa de rivalidades o divisiones entre los creyentes jóvenes.

Probablemente existen muchas otras formas de "vida mundanal", según tus propias vivencias, o tal vez de acuerdo con tu medio social. Pero lo que deseamos es que a través de lo descrito anteriormente reflexiones buscando que tu vida como joven o señorita dé evidencias de una dependencia de Dios en todos los sentidos, evitando caer en estos errores.

Vivir de acuerdo con el plan de Dios

La vida con Dios es realmente fácil. Consiste simplemente en aceptar, obedecer y permitir que el Espíritu Santo sea el que nos guíe.

Una vida cristiana llevada sólo por los propios méritos o esfuerzos es muy difícil de sobrellevar, y lo peor es que a pesar de nuestras buenas intenciones, no agradará al Señor. Es importante aclarar que mientras estemos en este mundo tendremos dificultades y contratiempos que son inherentes a la vida humana, más las trampas que el engañador estará propiciando.

¿Qué es vivir de acuerdo con el plan de Dios?

En primer lugar, es someterse a su voluntad. Parece una posición deshumanizante, es como sacar del agua a un pez; pero en realidad esa es la sensación que Satanás propone para evitar que, sin reparos y sin presiones, optes por permitir que Dios gobierne tu vida. Si tú, por un acto voluntario, te sometes a Dios, comienzas a disfrutar de un estilo de vida que sólo tú y únicamente tú puedes disfrutar.

En segundo lugar, una consecuencia lógica de ese sometimiento es la vivencia. Una persona que deja que su vida sea manejada por Dios comienza a dar evidencia de ello. Esta evidencia es particularmente sutil, es decir, que en ese punto es donde pueden aparecer los santulones, aquellos que como dijimos anteriormente, se parecen a un joven o señorita creyente en Dios, pero que no lo es. Una buena confirmación de su autenticidad es la perseverancia hasta el fin.

En tercer lugar, vivir como Dios desea es producir frutos. Este factor, junto con el anterior, nos puede dar claridad sobre una vida que depende de Dios. Los frutos por sí solos no son comprobante de credibilidad, ya que el Señor puede utilizar cualquier medio para hacer llegar su palabra y cambios a otros jóvenes; pero un joven que produce frutos, da evidencias de vivir en el plan de Dios.

En cuarto lugar, los dones que se encuentran en la vida del joven también conforman una manifestación de la vivencia con Dios. El joven o señorita que pone al servicio de la iglesia sus dones, está cumpliendo con el papel que Dios ha designado para él o ella dentro de la congregación.

En quinto lugar, otra forma de demostrar la vida con Dios tiene que ver con las relaciones. Estas incluyen las relaciones laborales, familiares, sentimentales, educativas, etc. Un joven o señorita que es cristiano, en el pleno sentido de la palabra, será un buen trabajador, un buen estudiante, se comportará como un hijo ejemplar, será un novio o novia responsable, su ejemplo como padre o madre dará hijos sanos. En fin, su vida y testimonio son su carta de presentación. La mayoría de las personas que lo conocen darán buena fe de su reputación.

En sexto lugar, el joven o señorita que vive en el plan de Dios lleva una vida de oración y lectura de la Palabra. He ahí la fuente de su sostenimiento espiritual. Siempre consulta con el Espíritu Santo para cada faceta de su vida. Está dispuesto a renunciar a todo lo que no lleve satisfacción a su Creador. Y lo mejor de todo es que Dios confía en estos jóvenes y les bendice grandemente.

Existen otras evidencias muy personales en la vida de cada

joven que también confirman el hecho de que viven dentro del plan de Dios. Estas son, por ejemplo: el cambio del mal genio por uno jovial y amable, la ausencia de la envidia, la sensación de paz y tranquilidad, el uso correcto del pensamiento y las palabras, la búsqueda de metas que lleven bendición a la comunidad, etc.

En resumen, podemos decir que, sólo en el sometimiento, perseverancia y testimonio cumples con el plan de Dios para tu vida.

Ahora la pregunta para ti es: ¿Eres un joven que vive de acuerdo con el plan de Dios?

Falsos conceptos de santidad

La Biblia dice: "No os engañéis; Dios no puede ser burlado. Todo lo que el hombre siembre, eso mismo cosechará. Porque el que siembra para su carne, de la carne cosechará corrupción; pero el que siembra para el Espíritu, del Espíritu cosechará vida eterna." (Gálatas 6:7, 8, RVA).

Muchos de los jóvenes que asisten a las escuelas dominicales o reuniones juveniles manifiestan un afán por mantener su imagen delante del pastor o sus líderes, de la familia o sus amigos o amigas. A algunos, esta posición de identidad les lleva a cometer ciertos errores que parecen santidad pero no son más que falsos rasgos de santidad.

Uno de los primeros errores es pensar que *la asistencia al templo* demuestra santidad. Asisten puntualmente al culto, reuniones de jóvenes y otras actividades de la iglesia, convencidos de que así están cumpliendo con toda la voluntad de Dios para sus vidas. En el fondo, lo que verdaderamente sucede es que esa actividad es sólo un mero cumplido para con los demás, por el "qué dirán o pensarán de mí". La sola asistencia a las actividades de la iglesia no es una muestra de estar cumpliendo con las expectativas de Dios para cada persona. Es bueno asistir y ser un comprometido con todas las actividades de la iglesia, pero la santidad va más allá de simplemente asistir.

Otros, por el contrario, sostienen que la labor del cristiano está *fuera de las cuatro paredes del centro de reunión.* Hablan del evangelismo, de la proyección hacia las almas perdidas, pero su vida de hogar e individual deja mucho que desear. No asisten a los cultos y si lo hacen es para criticar la forma de cantar, la predicación, en fin, para denigrar todo lo que pueden. Es necesario el evangelismo y debemos apoyarlo incondicionalmente, pero también es necesario hacer lo uno sin dejar de hacer lo otro.

Otro de los errores o disfraces de santidad está en *la forma en que se piensa del diezmo.* Los jóvenes casi siempre están sin dinero o lo poco que tienen no alcanza y entonces viene la "carga del diezmo". El argumento de algunos es el siguiente: "Yo no trabajo y lo poco que me dan mis padres ya lo tengo asignado en mi presupuesto; no queda nada para el diezmo." Otros por su parte dicen: "Yo tengo muchos familiares pobres y a ellos doy esa parte; Dios sabe que yo lo hago de todo corazón y es para un buen servicio." Existen también los que piensan que sólo ellos pueden administrar sus contribuciones. Es decir, el diezmo lo dan pero con restricciones. Por ejemplo: "Este dinero es para hacer un arreglo especial que yo mismo supervisaré." No confían en las comisiones designadas para el mantenimiento del templo. Esta posición es totalmente equivocada puesto que pone en tela de juicio la integridad de los demás creyentes. Un comportamiento así es bastante peligroso y lamentablemente se da mucho entre los grupos juveniles.

Un error de un buen número de jóvenes y señoritas, aparece en *el noviazgo*. Casi siempre, por la proximidad, confianza, presión de los adultos, se forman parejas que no tienen un futuro sano; o se ve a un joven con una chica muy enamorado hoy, pero al mes siguiente ya está con otra, pasa por todas y, al final, se consigue una chica inconversa completando así el desastre. El joven o señorita cristiano debe ser serio en las relaciones sentimentales. Elegir bien a la pareja para toda la vida es de vital importancia.

Junto al problema de relaciones de noviazgo de los jóvenes viene *el problema sexual*. Aunque generalmente no se dé una relación sexual completa, sí aparecen las caricias que apuntan a una intimidad sexual que, si no llega, marca dejando una sensación de vileza que es aprovechada por Satanás. Esta falta de sinceridad y dependencia de Dios en la vida sentimental, da como resultado divorcios y fracasos irreparables.

Otro aspecto que muestra la falta de santidad es la *infidelidad al grupo juvenil o a la iglesia*. Son jóvenes que en la mañana del domingo se reúnen, por ejemplo, con su propia iglesia; en la tarde se reúnen con un grupo de tipo pentecostal y, en la noche, con otro grupo. No hay iglesia que les satisfaga, siempre buscan algo llamativo. La excusa más utilizada es: "En cada una de estas iglesias está Dios y antes de ser de un determinado grupo, soy cristiano, así que puedo ir de grupo en grupo. Al fin y al cabo soy de la iglesia universal."

Un síntoma evidente de la falta de santidad es la *poca o casi nula lectura de la Biblia*, la escasa memorización de textos, la ausencia de una teología sana y adecuada, una asistencia esporádica y la poca colaboración monetaria. Allí encontramos las bases para el futuro desastre de una iglesia. Sin jóvenes comprometidos en el presente, el futuro de la misma es incierto.

También es una manifestación de la falta de santidad, la actitud que demuestra *el joven "dominguero"*. Este es el joven que sólo viene al templo los domingos. Los días restantes es como dice una canción cristiana: "Santulón no seas santulón, solo el domingo un santulón, pero el lunes, martes, miércoles y jueves, viernes, sábado nada es."

Es importante, por lo tanto, que cada uno tome conciencia de la vida que lleva y las razones que la motivan. Al comienzo de esta sección cité las palabras del apóstol Pablo, que nos animan a analizar en qué terreno estamos sembrando. Ya sea que sembremos para la carne o sembremos para el Espíritu, siempre estaremos sembrando.

¿Cómo conocer a un santo?

La Biblia dice: "Sabed que Jehovah ha apartado al piadoso para sí" (Salmo 4:3a, RVA). Mencionemos algunos aspectos que dan evidencias de la presencia de Dios en el joven cristiano.

1. Siempre depende en Dios.
2. Está seguro de saber cuál es la voluntad de Dios para su vida.
3. Tiene una vida devocional estable y fructífera.
4. Antes de cada acción, tiene en cuenta a Dios.
5. Los amigos y conocidos del joven santo lo identifican como alguien que cree y teme a Dios.
6. Los hombres y señoritas santos tienden a tener buenas relaciones con todo el mundo.
7. Nunca una persona santa tratará de pasar por encima del que ejerce autoridad sobre él.
8. El joven santo siempre apoya en oración y acción los planes de la iglesia.
9. El liderazgo del joven santo trae satisfacción a la congregación.
10. El joven santo mantiene la sana doctrina en que fue discipulado.
11. La persona con santidad reconoce qué dones tiene y los pone al servicio de la iglesia.
12. En la boca del joven santo siempre hay palabras de aliento y buena voluntad.
13. El buen comportamiento del joven santo siempre salta a la vista sin petulancias.

14. La vida sentimental del hombre o señorita santo es estable.
15. El carisma del joven santo a veces es escaso, pero sus aportes son valiosísimos.
16. La persona con santidad siempre depende del Espíritu Santo.
17. La Biblia compara, entre otras cosas, al joven santo con: El sol: Mateo 13:43; La luz: Mateo 5:14; Oro: Lamentaciones 4:2a; Vasos de oro y plata: 2 Timoteo 2:20a; Arbol frondoso: Salmo 1:3, Jeremías 17:8; Como águilas: Isaías 40:31; Como leones: Miqueas 5:8.

Sugerencias para estudio personal y en grupo

1. ¿Qué es para ti un santulón? _____
_____

2. ¿Qué significa ser santo? _____

3. Según lo anteriormente dicho, ¿te consideras un santo o un santulón? _____

4. De las características de santulón, ¿cuáles te hacen sentir más molesto? _____

5. De los falsos conceptos de santidad, ¿cuáles has practicado? _____
_____

6. ¿Con cuáles características del joven santo te identificas? _____

Divida a los participantes en tres grupos pequeños. Al primer grupo guíelo a dramatizar la parte del santulón, al segundo grupo el drama del santo y al tercer grupo le corresponde analizar y sacar conclusiones de cuál de los dos (santos o santulones) se ven más en su grupo juvenil o iglesia.

CAPITULO 3

CRISIS, CONFLICTOS, TRAUMAS Y VIDA VICTORIOSA

Hebert Palomino

"Tan solo estoy escribiendo estas líneas para decirle cuán miserable es mi vida... Siempre he buscado a Dios para ver si resuelve mis problemas y he llegado a la conclusión de que él no existe, ni me ama, ni le importa mi vida. He llegado al punto de considerar el suicidio como la única opción... yo siento que tan solo soy una persona, quien está ocupando un espacio en este mundo... por favor ore por mí. Dios le bendiga..."

Escribe estas líneas una chica de catorce años a quien posteriormente atendí en mi práctica como sicoterapeuta. Quizá tú estés confrontando una situación parecida o estás alrededor de alguien que está germinando similar concepto y la posibilidad de consumarlo. La pregunta sería qué hacer ante tal situación. O para ir un poco más allá, qué haría yo si estuviera en su lugar. Las emociones son universales. Es un hecho que todo ser humano en cualquier etapa de su vida puede experimentar un momento de crisis, conflicto o, como acción directa o indirecta de los dos anteriores, un trauma. Este capítulo no es un manual sicológico, aunque habrá alusión al tema. Tampoco pretende tomar el lugar del diagnóstico de salud mental.

Pero este capítulo sí tiene como objetivo definir qué es una crisis, un conflicto, un trauma y analizar brevemente cuáles son algunos ingredientes que precipitan, a corto y largo plazo, el cuadro clínico anterior. Además de ello, analizará la vida de tres personajes bíblicos que confrontaron crisis en su vida y cómo salieron victoriosos. Posteriormente, se encuentran algunas sugerencias para jóvenes (ambos sexos), cristianos o con posibilidad de serlo, de cómo confrontar el cuadro clínico antes descrito y mantener, a más de una buena salud emocional, una vida victoriosa en Jesucristo.

Crisis

El ser humano desde el momento en que es concebido pasa por diferentes etapas de desarrollo. Por supuesto cada una de esas etapas es cumulativa para la próxima etapa que vendrá. Al nacer, venimos a este mundo dependiendo de que quienes cuiden de nosotros nos provean el cuidado integral necesario para un desarrollo saludable.

Algunos, al llegar a este mundo, tienen quien les brinde este cuidado mientras que otros no. En ocasiones, aun siendo cristianos o naciendo en un hogar cristiano, ese cuidado integral (físico, moral, espiritual y emocional) está ausente y ésta es una de las razones de crisis en la vida del individuo. La pregunta es, ¿qué hacer al respecto?

Conflictos

Una crisis, regularmente, es precipitada por un conflicto. Dicho sea de paso, el diccionario define el conflicto como una variación, lucha o falta de armonía. El conflicto lleva al individuo a decidir por un comportamiento, pensamiento, o estilo de vida. No siempre la decisión en medio del conflicto es la más apropiada conllevando así a situaciones que pueden perdurar por el resto de la vida.

Lucas 22:39-46 narra el evento de la angustia de Jesús en Getsemaní. La angustia que él experimentó fue parte del conflicto ante la decisión de ir o no a la cruz. La resolución de su conflicto, afortunadamente, fue para hacer la voluntad de su Padre.

Patricia y Maura, hermanas carnales de 15 y 14 años respectivamente, vienen a mi oficina para buscar orientación respecto a si deben irse a vivir con sus novios, ya que su padre las maltrata físicamente. De esta manera, según ellas, resolverían el problema del abuso físico. El conflicto no siempre es entre lo bueno y lo malo; habrá ocasiones, en que éste será entre lo bueno y lo mejor.

Traumas

Patricia y Maura, desafortunadamente, decidieron irse a vivir con sus novios creyendo que de esta manera el problema sería resuelto. Por supuesto que un problema fue resuelto, pero la secuela de éste fue con ellas y formó parte de la nueva relación.

Un trauma se define clínicamente como un choque emocional que deja un efecto más o menos permanente en la personalidad del individuo. Tal choque puede ser debido al divorcio de los padres, abuso sexual, rechazo, o por catástrofes de la naturaleza (terremoto, por ejemplo). Un trauma viene a ser como una herida que en algunos casos sana, y en otros el individuo necesita aprender a vivir con ella saludablemente.

La situación del joven de hoy

Patricia y Maura, las jovencitas de nuestro caso clínico, al pasar los días encontraron que su súbita decisión no había sido la mejor. Ahora surgían nuevas crisis, conflictos y, como consecuencia, otros traumas venían a ocupar un lugar prominente en su diario vivir.

Ningún ser humano está exento de pasar por una crisis o conflicto, cualquiera sea su naturaleza. Pero la forma en que éstos vienen, y la manera en que se responde a ellos tienen mucho que ver con el desarrollo integral del individuo. Primeramente, enfoquemos aquellas áreas que tienden a crear un ambiente para el desarrollo del cuadro clínico en consideración (crisis, conflicto, trauma). En segundo lugar, consideraremos la vida de algunos personajes bíblicos que confrontaron este cuadro clínico, total o parcialmente. Finalmente, veremos algunas sugerencias prácticas sobre cómo responder saludablemente y sacar lo mejor de la situación.

Areas para una evaluación personal

Todo ser humano en algún momento de su vida confrontará cuadros clínicos diversos. Esto es un hecho. Ahora bien, hay ocasiones en que podemos prevenir y aun sanar áreas internas que pueden ayudarnos a mantener una actitud saludable. Por otra parte, hay casos en los cuales se requiere más que una evaluación personal, es decir, la intervención es necesaria, y esto por la asistencia de un profesional capacitado en el área clínico-pastoral. Veamos algunas áreas que podrían ser analizadas y que podrían ser causa de la presencia de crisis, conflicto o trauma.

1. *Un bajo concepto de sí mismo.* Un individuo que durante su

niñez creció recibiendo mensajes de crítica, de rechazo, de marginación, o de no merecer reconocimiento, manifestará su patrón de pensamiento y comportamiento al mismo nivel: No valgo, no soy aceptado, no pertenezco, no sirvo. Por supuesto que esto en sí es una crisis para su vida de relación social. A ello se suma el hecho de que tal problema creará percepciones en otros hacia él, expresadas en prejuicio o discriminación. Esto en conjunto creará en el individuo conflicto para funcionar y vivir una vida armoniosa consigo mismo. Mostrará patrones de comportamiento y pensamiento que para aquellos a su alrededor serán concebidos como anormales o antisociales. De allí que como somos percibidos es como, desafortunadamente, la sociedad nos trata.

San Pablo nos exhorta en Efesios 1:5, 6 (RVA) a mirar a la nueva identidad que tenemos en Cristo en la cual Dios de antemano ha preparado un plan específico para nuestro presente y futuro "como hijos suyos... para la alabanza de la gloria de su gracia".

2. *Crear falsas expectativas.* Se dice que hay tres clases de personas. Primera, aquellas que hacen que las cosas pasen, segunda, las que son portadoras de lo que va a pasar y, tercera, aquellas con las cuales no pasa nada. Esto puede hasta cierto punto tener su aplicación. Soñar y planear deben ser parte de la existencia de un ser humano, especialmente de un joven. No hay nada malo o negativo en establecer metas y fijarse expectativas. Sin embargo, cuando esos sueños, metas o visiones no son basados en la realidad, las circunstancias, o sencillamente en las capacidades de las que uno dispone, entonces uno se verá a sí mismo como fracasado y sin futuro al no haberlas alcanzado. Esto en sí dará lugar a crisis de autoaceptación, o sencillamente a vivir una vida de frustración y sin propósito. El sabio Salomón, en Proverbios 16:3 (RVA), exhorta diciendo: "Encomienda a Jehovah tus obras, y tus pensamientos serán afirmados." Una expectativa centrada en Dios es positiva y saludable.

3. *Asuntos del pasado no confrontados.* Cada ser humano, no importa su origen, lengua, o color, podría ser materia prima para escribir un libro. Por supuesto que cada una de las etapas de crecimiento y desarrollo serían parte de ese libro. Hay eventos en la vida que marcan o predisponen a un individuo ya sea positiva o negativamente. A medida que crecemos dichas experiencias son acumulativas o van encontrando expresión. A ellas se suman, entre otras, abusos recibidos en la infancia, experiencias de rechazo, separación (muerte, abandono, o pérdida significativa), relaciones familiares conflictivas manifestadas en enojo constante o reprimido. Hay algo más para añadir: pecado no confesado a Dios

u otros. Las experiencias del pasado no confrontadas, tarde o temprano tendrán su repercusión. La invitación de Dios es un buen comienzo para confrontarlas. "Venid luego, dice Jehová, y estemos a cuenta" (Isaías 1:18a).

4. *Una perspectiva espiritual no saludable.* Este libro trata de cómo vivir una vida victoriosa porque cada uno es de valor. Esa vida victoriosa está sólo en Cristo Jesús. Ahora bien, el desarrollo sano y saludable de una relación espiritual va a afectar otras áreas del individuo, incluyendo su salud emocional. De la misma manera, una relación no saludable espiritualmente conllevará a estados emocionales críticos, sin con esto pensar que un creyente no tiene la posibilidad de pasar por cuadros clínicos emocionales. Una perspectiva espiritual no saludable es concebida y expresada en interpretaciones erróneas de los conceptos bíblicos básicos de la naturaleza de Dios, entre otros su amor incondicional, su gracia, su perdón, su aceptación, su presencia, su protección, su compañía. Una concepción no saludable espiritualmente lleva, pues, a crisis y conflictos manifestados en sentimientos de culpa, rechazo, o simplemente a creer que uno no es aceptado por Dios si no está haciendo algo para él.

Este "hacer" deber ser un resultado de la comprensión de lo antes descrito. Pablo presenta un desafío saludable al decir: "En cuanto a lo demás, hermanos, todo lo que es verdadero, todo lo honorable, todo lo justo, todo lo puro, todo lo amable, todo lo que es de buen nombre, si hay virtud alguna, si hay algo que merece alabanza, en esto pensad" (Filipenses 4:8, RVA).

Personajes de la Biblia que confrontaron crisis en su vida y cómo fueron victoriosos

Limitaremos esta sección a sólo tres personajes bíblicos. Por supuesto que podrías pensar en otros más. El propósito de este análisis es despertar tu interés, al mirar hacia otros personajes, en mirar hacia ti mismo y llegar a la conclusión de que ellos fueron tan humanos como tú; que teniendo luchas semejantes a las tuyas, sus vidas fueron forjadas y formadas en medio de ellas.

Moisés

Moisés nació en un momento de crisis, desesperación por parte de la familia, y el asedio de muerte por parte de Faraón (Exodo 1:1-10). Sus posibilidades de vida eran de un cincuenta por ciento. Sin embargo, al ser adoptado por la hija del Faraón, su vida pasó de la ralea a la realeza. Económica, educativa y socialmente su vida cambió (Hechos 7:20-22). Este nuevo estilo de vida trajo consigo crisis de identidad en la vida de Moisés.

Después de todo, no era muy confortable ser parte de la realeza sabiendo que sus hermanos de raza eran esclavos. Su deseo por proteger a su raza se hizo presente al matar a un egipcio que golpeaba a un hebreo (Exodo 2:11-15). Al ser descubierto, Moisés tuvo que huir a Madián. Este arranque temperamental le costó a Moisés cuarenta largos años. Fueron cuarenta años lejos de su familia, amistades y de la realeza quien ahora le perseguía. Para Moisés era como comenzar de nuevo.

A esto podríamos añadir los sinsabores que tuvo más tarde a lo largo de su liderazgo al frente de la gran nación de Israel. Un hecho transcendental en la vida de Moisés fue su actitud ante las crisis que se presentaban. Algunas de ellas fueron producto de su propia inseguridad, no así otras que fueron ocasionadas por aquellos a su alrededor. Sin embargo, su determinación por ver resultados en grande, le llevaron a experimentar la grandeza de Dios.

Algo práctico en medio de la crisis, del conflicto o trauma, es la actitud que se asume en cada trance. La actitud juega un papel vital en cómo percibimos las situaciones a nuestro alrededor. El epitafio que se erigió en torno a Moisés seguirá siendo el epitafio deseado por todo mortal que ama a Dios. "Y nunca más se levantó profeta en Israel como Moisés, a quien haya conocido Jehová cara a cara" (Deuteronomio 34:10).

¿Cómo es tu actitud ante la adversidad en tu vida? Posteriormente ofreceremos algunos ejercicios de dinámica para ayudarte a explorar el nivel de tu actitud. Moisés dejó en su vida plasmada la razón de su victoria: "Porque tenía puesta la mirada en el galardón... porque se sostuvo como viendo al Invisible" (Hebreos 11:26b, 27b).

Ester

La niñez de Ester también fue convulsionada. La Biblia relata que en muy temprana edad sus padres murieron, pasando a ser criada por su primo Mardoqueo (Ester 2). Ahora bien, bajo edicto real, Ester es llevada a Susa para ser parte del harén del rey Asuero. Allí en Susa, Ester halla gracia ante los ojos del rey y de sus súbditos. Lamentablemente, esa gracia se torna en angustia cuando la vida de su primo y del pueblo judío están en peligro. Ester está ante la disyuntiva de no revelar su identidad como judía y guardar su posición real, o revelar su nacionalidad y perecer junto a su primo y su pueblo. ¿Recuerdas haber estado ante una situación semejante? ¿Te has sentido tentado a ver por ti y que los demás se las arreglen como puedan? Como Moisés, Ester nos presenta dos ingredientes de su vida victoriosa: sensibilidad y determinación.

Ester fue sensible ante el desamparo de su pueblo y tomó la determinación para actuar (Ester 4:13-17). Habrá ocasiones en que crisis, conflictos y traumas, en nuestra vida o en la de otros requerirán sensibilidad nuestra hacia nosotros mismos y hacia los demás. Cuando la crisis llega, para algunos la mejor salida es la más fácil, aunque ésta conlleve consecuencias nefastas. Una solución verdadera cuesta, pero es perdurable. Ser sensible es mirar hacia los deseos más profundos del corazón; es evaluar las motivaciones que nos impulsan a vivir y actuar como lo hacemos; es dejar que Dios escudriñe nuestro corazón. Es pedirle a Dios como lo hizo el rey David: "Examíname, oh Dios, y conoce mi corazón... Ve si hay en mí camino de perversidad y guíame por el camino eterno" (Salmo 139:23a, 24, RVA).

No hay vida victoriosa, en cualquier área, si no existe la determinación para el cambio. En ocasiones tomar una determinación es ser consciente de las posibilidades de ganar o de perder, tener éxito o fracaso. Sea cual fuere el resultado, vale la pena intentar. Ester se arriesgó a interceder por su pueblo y logró lo que se propuso en su corazón.

Zaqueo

Vivir en constante rechazo e indiferencia en un grupo social debe ser trágico. La soledad es uno de los síndromes más comunes de una persona en tal situación. Zaqueo era despreciado por su innoble ocupación. Su vida, supuestamente, era vivida en medio de la abundancia, pero sin el gozo de disfrutar la amistad y el compañerismo de sus conciudadanos. Sin duda alguna que tal situación en sí era un problema serio en la vida de Zaqueo. La discriminación, cualquiera sea su expresión, es dolorosa, antisocial, y por sobre todo, inaceptable ante Dios.

Zaqueo, en medio de la crisis que él mismo se había creado por su egoísmo y explotación de sus conciudadanos, era un hombre con necesidades emocionales de aceptación, de ser amado, y de ser un ser social en comunidad. Su deseo de cambio fue evidente al responder, bajo reflexión, a la amistad que le brindó Jesús, enmendando su estilo de vida y comenzando de nuevo. No es posible tener una vida victoriosa si no se reflexiona sobre el pasado, si no se fijan metas de cambio, y se proyecta hacia ellas. Cuando esa situación se da, se está ante la expectativa de un nuevo comienzo. Jesús al ver la determinación de Zaqueo exclamó afirmativamente: "Hoy ha venido la salvación a esta casa" (Lucas 19:9).

Hoy es el día

Hoy es el día en que algo nuevo podría comenzar en tu vida. Las crisis, los conflictos o los traumas vendrán en alguna etapa de tu vida. Sin embargo, la actitud que asumas en medio de ellos, como en el caso de Moisés, o la sensibilidad y determinación, como en la vida de Ester, o la reflexión, como en la experiencia de Zaqueo, serán factores determinantes para una vida victoriosa.

La pregunta que surge es: ¿Cómo puedo confrontar mis crisis, conflictos y traumas y experimentar una vida victoriosa? A continuación encontrarás algunas sugerencias.

1. Admite que no eres el primero ni el último en tal situación.

2. Identifica, hasta donde te sea posible, el cuadro clínico que te aqueja (depresión, concepto bajo de ti mismo, problemas de relaciones personales, indecisiones, inseguridades, etc.).

3. Clarifica en qué forma este cuadro clínico en particular te está afectando.

4. Busca asistencia clínico-pastoral. Porque tú eres valioso, vale la pena que encuentres la mejor orientación.

5. Haz un compromiso contigo mismo que no te harás daño a ti ni a otros sin antes haber dado la oportunidad para que se te ayude en tu necesidad.

6. Ten presente que Dios ha invertido mucho en ti y no te va a fallar en este momento que más le necesitas.

7. Por sobre todo, recuerda que Dios aún no ha terminado contigo y que aun en medio del dolor él te está formando.

Posiblemente habría muchas otras sugerencias al respecto. Sin embargo, éstas son básicas. Como el apóstol Juan escribiendo al anciano Gayo, es mi deseo a ti en tu peregrinaje: "Amado, yo deseo que tú seas prosperado en todas las cosas, y que tengas salud, así como prospera tu alma" (3 Juan 2).

Una de las palabras clave a lo largo de este capítulo ha sido "actitud". A continuación encontrarás una serie de enunciados. El propósito es animarte a reflexionar en tus respuestas y evaluar la actitud que asumes en medio de tus crisis, conflictos o traumas.

1. Cuando la crisis llega a mi vida, me encierro en mí mismo creyendo que no hay solución.

2. La crisis, el conflicto o trauma, son un castigo de Dios por algún pecado cometido.

3. Cuando hay crisis, conflicto o trauma, la única solución es orar, orar y orar. De esta manera todo se solucionará.

4. Toda crisis, conflicto o trauma, se soluciona por sí solo. Mi parte es dejar que el tiempo lo resuelva todo.

5. Si tal vez fuera un mejor creyente en Dios no pasaría por crisis, conflictos o traumas en mi vida.

6. Una vez que la crisis, el conflicto o el trauma llega, no hay forma de salir de él.

7. La vida sería más significativa sin la presencia de crisis, conflictos o traumas.

En suma, la confianza que Dios nos da es que en él hay razón para vivir, y vivir victoriosamente. "Joven, tú vales, y... mucho." Es por ello que aun en medio de tu situación, puedes confiar en que Dios está disponible para asistirte. Después de todo, él ha invertido bastante en ti y no ha terminado contigo aún.

Joven, recuerda que ¡tú vales! y... MUCHO.

Sugerencias para estudio personal y en grupo

Toma una hoja de papel y divídela en cuatro. En una de las esquinas escribe "Cuadro clínico". Seguidamente, "Descripción", y bajo este subtítulo escribe "Sentimientos, Pensamientos, Comportamiento". En el tercer cuadro escribe "Intervención". Finalmente, escribe "Cambios realizados o metas", y nuevamente "Sentimientos, Pensamientos, Comportamiento". (Mira el modelo al final de esta sección.)

Primero, toma unos minutos y escribe un cuadro clínico específico que estás confrontando o que confrontaste en el pasado. Segundo, describe ese cuadro clínico: específicamente cómo te sientes (tristeza, enojo, ansiedad, confusión, temor, culpa, soledad, etc.), cómo piensas (qué dice tu mente al respecto de esa situación en particular) y cómo te comportas (qué haces para procesar el problema mencionado). Tercero, bajo "intervención" describe brevemente qué has hecho para solucionar el problema. Finalmente, en el cuarto cuadro describe qué cambios has visto tanto en sentimientos, pensamientos y comportamiento basándote en el cuadro "Intervención".

Después de completar el diagrama, si piensas que el grupo en que participas es seguro para compartir tu problema, hazlo. De lo contrario selecciona un miembro en el grupo y comparte. Recuerda que compartir es un buen paso para encontrar una perspectiva más acertada a tu situación.

Felicitaciones por tu apertura a este ejercicio. Dios te bendiga, y adelante, porque tú vales... ¡y MUCHO!

Cuadro clínico	Descripción
	Sentimientos: Pensamientos: Comportamiento:
Intervención	**Cambios realizados o metas**
	Sentimientos: Pensamientos: Comportamiento:

CAPITULO 4

DECISIONES Y RELACIONES CORRECTAS

Samuel Rodríguez

¡Decisiones! ¡Decisiones! ¡Decisiones!

Todos tenemos la necesidad de tomar decisiones a cada momento. De hecho, nuestra vida es una toma de decisiones constante desde que nos levantamos hasta que nos acostamos: "¿Me levantaré en este momento o mejor más tarde? ¿cuál vestido me pondré? ¿desayuno en casa, en el trabajo o en la escuela? ¿voy a pie o en autobús? ¿hablaré hoy con fulano o sutano? etc."

Muchas de las decisiones alguien ya las ha tomado por nosotros y sólo debemos amoldarnos a cada situación. En otras ocasiones, son las circunstancias las que nos indican qué camino tomar. Pero en lo que depende de nosotros, debemos decidir responsablemente lo mejor.

¿Te ha sucedido algo parecido?

Una señorita mientras esperaba el autobús que la llevaría a su trabajo, se puso a pensar: "Bueno, ¿me iré en autobús o a pie? Si me voy en autobús hay dos posibilidades: que me toque ir parada o que me toque ir sentada. Si me toca ir sentada, hay dos posibilidades: ir sola o acompañada. Si voy acompañada, hay dos posibilidades: que mi compañero sea un hombre o que sea una mujer. Si es hombre hay dos posibilidades: que sea indiferente conmigo o que empiece a conquistarme. Si empieza a conquistarme, hay dos posibilidades: que yo no le corresponda o que le haga caso. Si le hago caso hay dos posibilidades: que lleguemos a ser amigos o ser novios. Si llegamos a ser novios hay dos posibilidades: que nos casemos o no. Si nos casamos hay dos posibilidades: que lleguemos a tener niños o que no los tengamos. Si tenemos hijos hay dos posibilidades: que sean niños o niñas. Si son niños hay dos posibilidades: que cuando crezcan sean buenos hijos o que sean malos hijos. Si son malos hijos me van a hacer sufrir el resto de mi vida y quizá terminen en las drogas y hasta los maten y luego, ¿qué será de mí? ¡No! Mejor me voy a pie."

No es fácil tomar una decisión

Es probable que nosotros no hagamos tantos "malabarismos mentales" para tomar una decisión, o al menos no seamos conscientes de ello. Pero al reconocer que realmente debemos tomarla es cuando empiezan los dilemas. ¡Gracias a Dios que podemos tomar decisiones!

Walter Trobisch en su libro *Iniciación al amor*, escribe: "A Dios no le agradan las decisiones que tomamos para toda la vida, por resignación o por desengaño. El quiere que vivamos hoy nuestra vida. Y que con ánimo y esperanza, descubramos todas las posibilidades de ser felices que hay en ella."

Tengo que decidirme, pero ¿cómo?

El mundo, quiere presentarnos muchos "expertos" en la toma de decisiones, tales como: psicólogos, astrólogos, moralistas, consejeros profesionales.

Dios, en su Palabra, nos ha dejado la luz suficiente para tomar decisiones correctas. En muchas ocasiones nos dará la solución con datos, fechas o detalles exactos. Otras, dará principios que podemos aplicar a nuestra vida y situación para que vivamos realmente la vida con ánimo y esperanza. Como diría el autor de Eclesiastés: "No permitas que la alegría de la juventud haga que te olvides de tu Creador. Hónralo cuando joven, antes que lleguen los años malos en que ya no tengas alegría de vivir" (Biblia al Día).

Esto nos hace pensar que podemos descubrir la voluntad de Dios para nuestra vida y decidir amoldarnos a ella responsablemente. Así que meditemos en algunos ejemplos bíblicos, de los que se desprenden algunos principios, que nos ayudarán en la toma de decisiones.

El ejemplo de Moisés

Primero pensemos en un joven maduro que tuvo que tomar una gran decisión la cual afectaría totalmente su vida. Su vida profesional saldría afectada: sus estudios ya no serían tomados en cuenta. Su status social y económico: ya no podría disfrutar de todas las comodidades y privilegios. Su vida sentimental: ya no podría aspirar a la mano de una princesa. El rechazo: quedaría "marcado" para toda la vida por sus amigos de infancia y de labor. Veamos el ejemplo de Moisés:

Una decisión responsable

En Hebreos 11:24-26 encontramos: "Por la fe Moisés, hecho ya grande, rehusó llamarse hijo de la hija de Faraón, escogiendo antes ser maltratado con el pueblo de Dios, que gozar de los deleites temporales del pecado, teniendo por mayores riquezas el vituperio de Cristo que los tesoros de los egipcios; porque tenía puesta la mirada en el galardón."

Aquí encontramos a Moisés "hecho ya grande", no un niño, sino alguien que había aprendido a tomar decisiones responsables, no egoístas, poniendo siempre la mirada en el galardón.

Así podremos imaginar a Moisés sentado al borde de su cama, o en su sillón favorito, con una hoja de papiro en su mano y una pluma de "ganso salvaje" en la otra, escribiendo lo siguiente:

VENTAJAS	DESVENTAJAS
✳ hijo de la hija de Faraón (Príncipe)	✳ ser maltratado
✳ heredero del trono	✳ ser vituperado
✳ futuro Faraón	✳ atenerse a la ira del Rey
✳ tesoros de Egipto	✳ ser desterrado
✳ gozar en y con los egipcios de todos los deleites.	✳ morir

Una decisión trascendente

Moisés no sólo vio lo que podría pasar en cinco, diez o quince años, sino que levantó su vista espiritual y vio más allá de cincuenta, cien y mil años. Así se dio cuenta de que todas las "ventajas" tenían un sello que decía: "TEMPORAL". mientras que las "desventajas" decían: "ETERNO". Entonces, mirando hacia el futuro, decidió rehusar ser príncipe y escogió riquezas eternas. Puso su mirada en el galardón y se sostuvo como "viendo al invisible".

Las peores decisiones son las impulsivas. Tomamos en cuenta lo que puede pasar al rato al tomar una decisión, o qué pasará mañana o en un mes. Pero no pensamos en las consecuencias que tendrá dentro de uno, diez o cien años.

Muchos jóvenes deciden calmar la tensión sexual con una relación que sólo resolverá una inquietud personal, egoísta y momentánea, pero no piensan en el otro. Tampoco piensan en la posibilidad de un hijo no deseado, de una enfermedad, etc., sólo piensan en sí mismos como el centro del universo. Pero no sólo hemos de pensar en el sufrimiento y el dolor que puede causar una mala decisión, sino en el bien de la obra de Dios, del prójimo y propio. No caigamos en la actitud: "primero yo y que se hunda el mundo".

El ejemplo de José

En Génesis capítulo 39 encontramos el ejemplo de otro joven que tuvo que tomar una decisión seria en su vida. Este joven era capaz, servicial, consagrado al Señor y además bien parecido. Según el versículo 10, José tuvo bastante tiempo para tomar esta decisión ya que podría haber cambiado su "No" de la primera vez.

Podemos imaginar a José orando y tomando nota de los pros y contras de su decisión, así como de la manera en la cual enfrentaría el asunto. A través del capítulo podemos ver algo de lo que pensó (leyéndolo de la Biblia al Día):

1. Pensó en la confianza que sus mayores (su amo) habían puesto en él, v. 8: "José rehusó: mira, mi amo confía en mí en todo lo relacionado con su hacienda."

2. Pensó en su lugar de importancia y testimonio, v. 9a: "El me ha dado toda su autoridad. No me ha prohibido ninguna cosa, salvo tú porque eres su esposa."

3. Pensó en la presencia de Dios en su vida y lo que haría el pecado en su comunión con Dios, v. 9b: "¿Cómo podría yo hacerle una maldad tan grande como ésta? Sería un pecado muy grande contra Dios."

4. Pensó en los demás antes que en él; aún en la relación de su patrón y su esposa. Dijo: "Eres su esposa", y llamó al pecado "este grande mal".

¿Qué hubieras hecho en su lugar?

José podría haber empezado a razonar de esta manera:
1. Ella es la patrona, así que ella manda y con ella a mi favor puedo aun tener más influencia aquí.
2. Soy joven y tengo necesidades físicas y, si no las satisfago, tal vez hasta puedo enfermar.
3. Nadie se dará cuenta, si no accedo ella puede deshacerse de mí. Además, el patrón ha puesto en mi mano todo lo que tiene.
4. Bueno, "a quién le dan pan que llore". Al fin de cuentas ya me tiene bien agarrado y tal vez hasta la ofenda o me tome por homosexual si no cedo.

¿Qué hubieras hecho en su lugar?

Pero José ya había tomado su decisión y estaba dispuesto a llevarla a cabo aun a pesar de todos los posibles "malos entendidos" y consecuencias. Podía "ver" más allá de esta vida terrenal, de la misma manera que Moisés. Así fue como Jacob su padre pudo decir de él: "Mas su arco se mantuvo poderoso, y los brazos de sus manos se fortalecieron por las manos del Fuerte de Jacob (por el nombre del Pastor, la Roca de Israel)" (Génesis 49:24).

El ejemplo de Pablo

En Filipenses 3:4-21 encontramos a un hombre que desde joven (Hechos 7:58) tuvo que tomar decisiones con la opción de mirarse a sí mismo, el mundo y la carne; o de mirar hacia arriba y extenderse hacia la meta. Consideremos dos elementos que el Apóstol tomó en cuenta:

Valorar para decidir

Pablo también puso en una balanza todas las cosas de importancia para él valorándolas a la luz de si le ayudarían a conocer mejor a Cristo y estar con él (v. 10). Podríamos tomar todo lo que dicen los versículos 4 al 6 en contraposición con los versículos 7 al 11. En la Biblia al Día dicen los primeros: "Nadie podría tener más esperanza de salvarse por esfuerzo propio que yo. Si alguien se hubiera podido salvar por lo que es, ¡yo hubiera sido el primero! Porque me circuncidaron a los ocho días de nacido; nací en un hogar de pura sangre judía, y mi familia pertenece a la tribu de Benjamín. ¡Judío más puro que yo no existe! Además, soy fariseo, lo que quiere decir que pertenezco a la secta que exige la más estricta obediencia a cada una de las leyes y tradiciones judaicas.

¿Que si era sincero? Tanto que perseguía encarnizadamente a la iglesia, y trataba de obedecer al dedillo las leyes judías."

Decidir por lo más valioso

Pablo luego pasa a explicar lo que realmente es de valor para él y por qué lo es. "Pero esas cosas que antes creía de tanto valor las considero ahora sin valor, pues Cristo es ahora mi única confianza y esperanza... He renunciado a todo lo demás porque estoy convencido de que es la única manera de conocer de veras a Cristo, de sentir el gran poder que lo resucitó y de palpar el significado de sufrir y morir con El" (vv. 7-10).

Nosotros y nuestras decisiones

Nosotros también debemos tomar decisiones. Lo hemos hecho ya y algunas no han resultado como deseábamos, y a veces ni como convenía para los intereses del reino de Dios. Pero estamos aprendiendo y dispuestos a tomar el ejemplo bíblico para tomar decisiones correctas en nuestra vida y relaciones personales, decisiones tales como:

1. ¿Qué estudios debo seguir?
2. ¿Cómo deben ser mis relaciones con mi familia?
3. ¿Perdonar o no perdonar?
4. ¿Qué amistades debo tener?
5. ¿Qué tipo de relación debo tener con mis compañeros de trabajo o escuela?
6. ¿Qué relaciones debo tener en la iglesia?
7. ¿Con quién debo casarme?

Así pues, necesitamos decidir no solamente sobre lo bueno, sino sobre lo mejor, escogiendo siempre lo que nos ayudará a tener "un cada vez más excelente y eterno peso de gloria".

¿Qué estudios debo seguir?

En un grupo de Embajadores del Rey el consejero preguntaba a los muchachos qué les gustaría estudiar. Al llegar el turno a uno de ellos que estaba muy pensativo, en vez de contestar preguntó: "¿En cuál carrera se ganará más dinero?" Aquí tendríamos que volver a tomar una hoja para meditar en las ventajas y desventajas de decidir sobre tal o cual carrera, pero recordando "ver al Invisible" y constatar el sello de "Temporal" o "Eterno" sobre cada lista para poder tomar una decisión correcta. Así que las preguntas no serán: ¿Dónde ganaré más dinero? o ¿cuál me dará fama? sino: ¿Cómo podré agradar a Dios?, ¿dónde puedo ayudar a mis hermanos?, ¿puedo con esta carrera servir al prójimo?, ¿en qué vocación puedo dar mejor testimonio de mi fe?

Recuerda que la mayoría busca "todas aquellas cosas" pero a nuestro Padre le ha placido darnos el reino. Así que no tengas temor de entrar en un ministerio, cualquiera que sea, a donde Dios te llame porque él irá contigo. Pero si tú te metes solo en alguna vocación, no tienes garantía de que "saldrás" bien, a menos que te encuentres luego en la situación de Jonás, clames a Dios y dejes que él se haga cargo.

¿Cómo deben ser mis relaciones con mi familia?

Preguntas: ¿Qué relaciones debo tener con mi familia que no es creyente? Uno de nuestros grandes desafíos es mostrar que somos cristianos y dar testimonio ante aquellos que "nos conocen" y saben nuestras fallas. Además, pueden malinterpretar lo que es ser cristiano y echarnos en cara que: "los cristianos deben aguantar todo", "como mi hijo debes obedecerme en todo", "dices que eres cristiano pero mira cómo te portas", etc.

A veces, la tentación es "escapar" de la familia y concentrarnos en nuestras relaciones fuera del hogar que son más fáciles de cultivar. Y nos volvemos unos "extraños" en casa y con frecuencia nos dicen cosas como: "Desde que te reúnes con esa iglesia, ya nada más a dormir vienes", y empezamos a poner como "razón" la necesidad de obedecer a Dios antes que a los hombres. Pero ese Dios al que debemos obedecer nos dice: "Hijos, obedeced en el Señor a vuestros padres, porque esto es justo" (Efesios 6:1). También dice: "Hijos, obedeced a vuestros padres en todo, porque esto agrada al Señor" (Colosenses 3:20). Esto nos habla de tomar en cuenta a nuestros padres y de relacionarnos con ellos, aun con los no creyentes, según el contexto. Debemos predicar con nuestras vidas.

Aunque 1 Pedro 3:1, 2 no es una referencia directa a los hijos, tiene validez en la relación familiar ya que nos pone en una relación de testimonio: "Para que también los que no creen a la palabra, sean ganados sin palabra por la conducta... casta y respetuosa." Esto es lo que William Barclay llama: "la predicación silenciosa de una vida agradable". De esta manera podemos predicar silenciosamente a nuestra familia con nuestra conducta.

¿Debo obedecer en todo?

A veces esta pregunta es para liberarnos un poco de la culpa de no obedecer, pero si somos sinceros, recordemos el consejo en Efesios: "obedeced EN EL SEÑOR".

Cuando se nos pide algo en contra de lo que Dios nos manda,

debemos con humildad decir algo como esto: "Papá, como cristiano debo obedecerle, pero cuando no es pecado. La Biblia dice en este lugar que robar es pecado, así que no ayudaré en esto." O bien: "Mentir es pecado y no puedo encubrirlo cuando me pregunten por usted. Esté usted seguro de que obedeceré en todo lo que sea bueno."

Cada situación es diferente pero al tomar la decisión de obedecer a Dios al respetar a nuestros padres, podremos lograr grandes cosas.

El padre de un joven creyente, quien tenía un negocio de licores, lo enviaba a hacerse cargo de él en ciertas ocasiones. Al verse forzado a tomar la decisión de desobedecer a su padre o ir a vender licor, decidió obedecer a su padre. Cuando llegaban los clientes, el joven al dar las botellas también les daba tratados evangelísticos que hablaban sobre los vicios y lo malo del licor. También les invitaba a no tirar el dinero de su familia en esa forma. Cuando su padre estaba en el negocio, algunos clientes le preguntaban por su "hijo el predicador", pues querían saber más de lo que les había dicho. Su padre no lo envió más al negocio, pero este joven encontró la manera de dar testimonio de su fe tanto ante los clientes como ante su familia.

Pero a veces queremos salirnos con nuestros caprichos y hasta ponemos a un padre contra otro en lugar de preguntarnos: "¿En qué he ayudado para que el matrimonio de mis padres marche bien? ¿Qué puedo hacer para que ellos pasen algún tiempo a solas? ¿Y qué de mis hermanos?" Recuerda que Jesucristo vivió con su familia que no creía en él, y su conducta "los ganó". Así que decídete a vivir diferente y espera los resultados.

Perdonar o no perdonar

Tal vez en tu vida de relación estés resentido con alguien de tu familia con quien has tenido alguna dificultad en el pasado y no has podido olvidar ese problema, tal vez seas de los que dicen: "Perdono pero no olvido".

Tengo buenas noticias para ti: si has hablado del problema con la persona involucrada y aún continúas recordando el asunto, necesitas leer y meditar en Isaías 43:25 donde dice: "No me acordaré" de sus pecados, no dice: "me olvidaré". Esto es importante, ya que cuando Dios nos perdonó no olvidó lo que somos y hemos hecho, solamente "ya no se acuerda". J. Adams en su libro *Tú puedes endulzar tu amargo matrimonio*, menciona tres cosas que incluye el perdón:

1. Aunque me venga a la mente el problema, no te lo voy a echar en cara; jamás lo usaré en tu contra.
2. No se lo voy a contar a nadie.
3. No lo voy a traer a la mente obsesionándome con el asunto, sino que al aflorar el recuerdo, lo echaré de ella.

En su libro *Si yo fuera...*, Fritz Ridenour relata una anécdota de la niñez del comediante Bill Cosby. Un día de nieve quiso jugarle una broma a su amigo Harold tirándole una bola de nieve blanda. (Según la reglas del juego sólo lanzaban bolas de nieve blandas. No arrojaban esas otras prensadas con las manos y duras como piedras.) Harold estaba a un metro de distancia y Cosby se disponía a "disparar" cuando, de pronto ¡zas!, desde un lugar oculto alguien le lanzó una bola de nieve en la cara cuyas partículas se le colaron por el cuello hasta humedecerle la ropa interior.

Cosby se volvió y allí estaba Junior Barnes riendo como un loco. Ciego de rabia, Cosby persiguió al autor de la pesada broma, pero no logró alcanzarlo. Finalmente se sentó en la nieve y lloró mientras ésta se derretía y le empapaba los dos pares de pantalones de pana que tenía puestos. Desde aquel día, Cosby planeó "ajustarle las cuentas" a Junior Barnes. Lo primero que hizo fue amasar una bola de nieve y ponerle una etiqueta con el nombre de Barnes, pero por más que lo buscó no pudo encontrarlo. Así pues, Cosby guardó la bola en el refrigerador a la espera de la oportunidad de llevar a cabo su venganza. Cosby esperó hasta el 12 de julio, fecha de su cumpleaños. Hacía casi cuarenta grados a la sombra y no había nieve por ninguna parte.

El y Junior Barnes ("buenos amigos" ahora), estaban sentados en la puerta de la casa de Cosby, riendo y divirtiéndose de lo lindo. Pero el deseo de venganza seguía en el corazón de Cosby, quien le dijo a Junior que iba a entrar en la casa para buscar una botella de naranjada y beberla juntos sin limpiarle el "pico a la botella", como verdaderos amigos. En vez de buscar la botella fue al refrigerador en donde esperaba encontrar la bola de nieve con el nombre de Junior Barnes. Pero ¡ay!, la madre de Cosby la había tirado. Con todo, Cosby no se detuvo por eso. Regresó al porche y se vengó a sus anchas: le escupió a Junior Barnes.

Si dejas que esa "idea" dé vuelta en tu mente, tarde o temprano dará su fruto. Pero tú puedes, si ya has perdonado, hacer las tres cosas que ya hemos mencionado, ya que ésta es una actitud de perdón la cual te ayudará a avanzar en tus relaciones familiares y de amistad.

¿Qué amistades debo tener?

La Biblia y la realidad, nos hacen ver dos verdades muy importantes:

1. Todos necesitamos de los demás.

Encontramos en Génesis 2:18 la expresión: "No es bueno que el hombre esté solo." El hombre lucha por no estar solo ni aun en sus pesares. Encontramos luego en Génesis 3:6 a Eva que: "...tomó de su fruto, y comió; y dio también a su marido, *el cual comió así como ella*". Así que nadie puede vivir como una isla. Necesitamos vivir en comunidad, todos necesitamos de los demás.

2. Los demás influyen en nuestra vida, así como nosotros en la de ellos.

Encontramos en la Escritura pasajes como: "No erréis; las malas conversaciones corrompen las buenas costumbres" (1 Corintios 15:33). Y en la Biblia al Día, leemos lo siguiente: "Y antes de terminar esta carta, déjenme decirles algo más: Apártense de los que causan divisiones y perjudican la fe de los demás con enseñanzas acerca de Cristo que están en contra de lo que a ustedes se les ha enseñado" (Romanos 16:17). "Anda con sabios y serás sabio; anda con los malvados y serás malvado" (Proverbios 13:20). "Mantente lejos de los hombres iracundos e irascibles, no sea que los imites y pongas tu alma en peligro" (Proverbios 22: 24, 25). "El cómplice del ladrón se avergüenza de sí mismo, pues sabiendo las consecuencias lo realiza" (Proverbios 29:24).

¿Qué tipo de relación debo tener con mis compañeros de trabajo o escuela?

Con toda razón la Biblia nos dice: "Amado no imites lo malo, sino lo bueno" (3 Juan 11). Puesto que sabemos que vamos a ser influenciados por aquellos con quien convivimos, tenemos que decidir: "¿A quién escogeré como amigo(a)?" "¿Hasta qué punto de intimidad debo permitir llegar a mis compañeros de trabajo, escuela, etc.?" "Esa forma de ser que ellos manifiestan ¿es como quiero ser o deseo ser diferente?"

Esto no quiere decir que debemos evitar a otros como "contagiados" de alguna enfermedad. No se nos impiden los contactos regulares de negocios, estudios y especialmente de dar testimonio, pero sí evitemos *mezclarnos* con aquellos que pondrán una influencia negativa en nosotros.

Yo voy con la mayoría

Charles Swindoll, en su libro *Cómo vivir sobre el nivel de la mediocridad*, narra la siguiente anécdota tomada de una publicación de "Los Navegantes": "Una vez una araña tejió una hermosa telaraña en una vieja casa, la mantenía firme y reluciente para que las moscas la favorecieran. Tan pronto recibía a un 'cliente', la limpiaba para que las otras moscas no sospecharan nada.

"Un día llegó una mosca inteligente zumbando por la limpia telaraña.

"—Entra y siéntate —invitó la araña.

"—No gracias. No veo otras moscas en tu casa, y ¡sola no entro! —respondió la mosca.

"Pero luego vio en el suelo un gran número de moscas danzando sobre un pedazo de papel. ¡Estaba encantada! No tenía miedo si muchas moscas lo hacían. De manera que se aprestó para el aterrizaje.

"Instantes antes de posarse, una abeja zumbó por allí y le dijo:

"—¡No aterrices allí, tonta! ¡Es papel para cazar moscas!

"Pero la mosca respondió:

"—¡Absurdo! Esas moscas están bailando. Hay una gran multitud allí. Todas lo están haciendo. ¡Tantas moscas no pueden haberse equivocado!

"Bueno, ya saben lo que pasó. Murió allí mismo. Algunos quieren estar allí con la multitud y terminan metidos en un lío. ¿Qué resuelve una mosca (o una persona) si escapa de la telaraña para caer en otra trampa?"

No te engañes

Siempre, siempre recibirás influencia de los demás, pero puedes decidir:

1. A quién escogerás como amigo.
2. Hasta dónde permitirás que se acerque a ti esta persona.
3. Ir con la mayoría, o con la minoría; escoge lo mejor.

Recuerda que la amistad estará en relación con lo que compartas de ti: "Ya no os llamaré siervos, porque el siervo no sabe lo que hace su señor; pero os he llamado amigos, porque todas las cosas que oí de mi Padre, os las he dado a conocer" (Juan 15:15).

Las relaciones en la iglesia

Romanos 12:10 dice: "Amaos los unos a los otros con amor fraternal... prefiriéndoos los unos a los otros." Estas palabras nos orientan a preferir a los de la fe, o sea que al tener que decidir en quién invertir nuestro tiempo, nuestra conversación, pasatiempos, etc., la balanza se inclinará inmediatamente hacia los creyentes.

"Pero es que son muy aburridos", dirás, o: "no me comprenden, o son muy cerrados. Ni puedo conversar con ellos." Debes saber que un amigo cuesta. Proverbios 18:24 dice: "El hombre que tiene (quiere) amigos ha de mostrarse amigo." Entonces puedo preguntarme: "¿He sido amigo de Elvira?", en lugar de: "¿Ha sido ella mi amiga?", o "¿He compartido esta alegría con Luis?", en lugar de: "¿Acaso ha compartido él sus alegrías conmigo?"

La amistad es el banco en donde primero tenemos que invertir para después disfrutar de sus dividendos.

¿Con quién debo casarme?

El matrimonio es la más profunda de todas las amistades donde no hay límites en el compartir. Se comparten el tiempo, intereses, dinero, casa, cama, cuerpo, hijos, etc.

El matrimonio es la respuesta de Dios a la soledad (Génesis 2:18) y es la provisión divina de compañía. Es el compromiso hecho uno al otro ante Dios de que: "mientras viva no dejaré que estés solo, seré una compañía para ti en todo". Es entonces una de las decisiones más importantes y permanentes que existen, no se debe tomar a la ligera ni con "sentimentalismos". Y como alguien ha dicho: "Debemos poner primero la cabeza y después el corazón." A veces es necesario "renunciar" a nuestros deseos personales para vivir propósitos más elevados. Entonces, si decidimos por la voluntad de Dios no nos uniremos en "yugo desigual" (2 Corintios 6:14-18). Decidiremos unir nuestra vida con alguien que comparte con nosotros una misma perspectiva de la vida, los mismos intereses y el mismo destino.

En Números 36, tenemos un acontecimiento muy ilustrativo de cinco hijas de un tal Zelofehad. Al morir él y no haber varón en la familia iban a quedar sin heredad. Al consultar con Dios, se les respetó su heredad, pero habría problemas si se casaban con alguien de otra tribu ya que la heredad pasaría a ser posesión de ésta. Por esta razón mandó el Señor: "Cásense como a ellas les plazca, pero en la familia de la tribu de su padre se casarán" (v. 6) y, entonces: "Como Jehová mandó a Moisés, así hicieron las hijas de Zelofehad" (v. 10).

Pero... ¡no hay jóvenes creyentes!

Dios nos da también a nosotros esta guía para nuestro bien y el de su obra: "CASENSE CON QUIEN LES PLAZCA, PERO EN LA FAMILIA DE LA FE." Qué duro nos parece este dictamen.

Muchos se rebelan contra él y, como consecuencia tienen que ser "traspasados de muchos dolores". Una de las preguntas más comunes en nuestras congregaciones es: "¿Qué hago si no hay jóvenes en mi congregación?" Más señoritas que varones es el motivo por el cual muchas echan un "vistazo a la calle" para encontrar compañero. El Señor ha provisto un medio para que haya más personas en la congregación: "ID Y PREDICAD", aunque algunos preferirían: "Id y conquistad". Esto nos lleva a problemas de jóvenes que "se convierten" sólo por obtener el amor de una señorita y pronto se nota que no era cierto. La Biblia tiene razón al poner la prioridad en "HACER DISCIPULOS". Eso quiere decir no tener compromisos con alguien hasta ver en realidad que está dando los frutos de un auténtico creyente. No debemos "cegarnos", sino apoyarnos en el consejo de hermanos maduros en la fe. Entonces, nuestro interés no estará en formar pareja sino en hacer discípulos de Cristo, sabiendo que el Señor nos dará el compañero o compañera a su tiempo.

En la actualidad, tenemos la posibilidad de compartir con jóvenes creyentes y de nuestra denominación en diversas actividades juveniles como congresos, reuniones denominacionales, etc. donde podemos conocer a jóvenes o señoritas creyentes. Algunos dirán: "¿Entonces debo ir a congresos o al seminario para encontrar novio (novia)?" Claro que ese no será el propósito principal (el cual debe ser honrar a Dios), pero él podrá mostrar su voluntad en estas situaciones.

Un matrimonio "hecho en el cielo"

En Génesis 24, encontramos la historia de "un matrimonio hecho en el cielo". Al encomendársele a Eliezer buscar esposa para su patrón, fue al lugar correcto (v. 13): "las hijas de los varones de esta ciudad salen por agua". Así que, bajo la dirección de Dios, fue a donde había doncellas. No se puso en un lugar desierto y dijo: "Ah, Señor Jehová, te ruego que hagas aparecer aquí en este lugar a la mujer ideal para mi patrón", sino que, en oración, se puso en contacto con las doncellas del pueblo de Dios y, al hacerlo, tendría a quien escoger.

Cuánta necesidad tenemos pues de jóvenes creyentes que prediquen la palabra y cultiven amistades cristianas, buscando primeramente agradar a Dios. De él recibirán todas las "añadiduras" entre las cuales estará el compañero de la vida.

La decisión más importante

La más importante decisión en la vida, entonces, será la de determinar quién dirige nuestra vida. ¿Obraremos según nuestros propios criterios o dejaremos que Cristo sea el Señor y le obedeceremos llevando cautivo todo pensamiento y toda decisión a él, sabiendo que nos conducirá por los mejores caminos? Si Dios nos ha dado a su Hijo (lo que más quería) ¿cómo no nos va a dar con él todas las cosas?

Si optamos por obrar según nuestros propios criterios y por tomar el trono de nuestra vida diciendo como aquel hombre: "alma, muchos bienes tienes guardados para muchos años: repósate, come, bebe, regocíjate," recordemos lo que Dios le dijo: "*Necio,* esta noche vienen a pedirte tu alma..."

Así que, para ti ¿qué será lo más importante: lo que tiene el sello que dice "TEMPORAL" o lo que dice "ETERNO"?

¡Tú decides!

Sugerencias para estudio personal y en grupo

1. Haz una evaluación de tus relaciones personales con tus padres, hermanos, amigos, compañeros, etc. anotando de cada una:

    (1) ¿Qué he estado haciendo bien?

    (2) ¿Qué he estado haciendo mal?

    (3) ¿Qué quiere Dios que haga para tener relaciones correctas?

Comenta con alguien tus respuestas y haz un plan de acción para tus relaciones personales.

2. ¿Tienes decisiones que tomar? Por ejemplo: ¿Qué estudiaré? ¿Debo responder afirmativa o negativamente a esta solicitud de noviazgo? ¿Con quién me casaré? etc.

    Toma una hoja de papel y escribe:

    VENTAJAS   DESVENTAJAS

Después de anotarlas, medita en su alcance, compártelas con alguien. Si estás en un grupo de estudio hazlo allí. Puedes conversarlas con tu pastor o amigos maduros espiritualmente.

3. ¿Estás siendo llevado por "la corriente de este mundo", o sabes de alguien que lo está? Coméntalo en el grupo y analicen la situación. (Omite el nombre de la persona, y datos que lo identifiquen.)

Analicen: qué se necesita hacer para salir de esa situación y "vencer al mundo". Recuerden que Dios no nos deja solos, y que siempre contamos con él.

CAPITULO 5

FUERZAS DE INFLUENCIA QUE ENFRENTA EL JOVEN

Roberto Cabrera-Coenes

Uno de los enfoques principales de este libro se centra sobre el tema: "La santidad victoriosa del joven". No es poca cosa el desafío. La "santidad" como palabra y como concepto no es muy popular en nuestros días, y esto se ve materializado en las diferentes *fuerzas de influencia* que tiene que enfrentar el joven en su intento por vivir según los principios de Jesucristo. Pero es un desafío que vale la pena tomar.

Las comunicaciones

Los medios masivos

Las formas actuales de comunicación para llegar a las personas constituyen una influencia omnipresente. En su conjunto tienen un nombre que sugiere un gran poder: "Medios masivos".

Aun a los recintos más herméticamente cerrados pueden llegar las ondas de radio y televisión. Además, por donde quiera que andemos somos "bombardeados" por un sinnúmero de mensajes impresos.

Es impresionante analizar de qué manera, sin que seamos conscientes de ello, somos moldeados por los medios masivos. Esta es una fuerza no despreciable que muchas veces se opone al intento del joven por mantener su santidad.

La publicidad

No siempre nos damos cuenta de que detrás de un mensaje hay un emisor con una intención bien definida. Este emisor no es el canal de TV, ni la emisora o el medio impreso (periódico, revista, afiche, etc.). Son los dueños de un producto quienes contratan un medio de comunicación masiva con el principal objetivo de vender. Muchas veces se ignora los efectos negativos que producen en las personas. Así caemos víctimas del consumismo, el afán por tener más y más. Olvidamos la importancia del contentamiento que nos enseña la Biblia (1 Timoteo 6:6-10).

No pocas veces la publicidad nos muestra un mundo irreal, y no es fácil discernir cuánto hay de superfluo y vana ilusión en una sofisticada producción publicitaria. Por ejemplo, los anuncios de cigarrillos y bebidas alcohólicas generalmente exhiben un mundo de libertad, esparcimiento, alegría, etc. Pero en la dura realidad las personas atrapadas por el vicio muestran dramáticamente todo lo contrario de lo que la publicidad ofrece: enfermedad, frustración, tristeza, vacío, etc.

Tengamos en cuenta que "No todo lo que brilla es oro", y que muchas veces la publicidad constituye un gran opositor al logro de la santidad.

La televisión

En general el problema no está en las cosas mismas, sino en su uso. Por alguna razón el ser humano tiende a desvirtuar la bondad de las cosas. Dice un interesante refrán: "Apaga el televisor y lee un buen libro." Y no es que todo lo que ofrezca la TV sea malo, pero hay poco de bueno, realmente. Para un buen uso de la programación televisiva será necesario desarrollar una sólida escala de valores, buena disciplina y prioridades muy claras.

Por ejemplo, es alarmante la adicción a las telenovelas, que mucho hacen para incorporar nuevas prácticas sociales perniciosas. ¿Te detuviste a analizar cuántas horas por día estás frente a la TV? ¿Y qué programas eliges?

La televisión debe ser utilizada con inteligencia, asegurándonos que no nos estemos perjudicando a nosotros mismos en nuestro importante desafío de mantener la santidad ante nuestro Dios.

La música

La música sirve para muchas cosas. Puede ser utilizada para pasar el tiempo, para cultivarla como un delicado arte, para influir en el ánimo de la gente y, además de todo esto, es un excelente medio para hacer llegar todo tipo de mensajes a las personas.

La música puede ser una de las más exquisitas expresiones del genio humano, pero también puede ser usada para fines perversos. No pocas veces nos encontramos repitiendo una frase de una canción que, por su repetición, se nos grabó en la mente. Y no siempre son frases que nos honran como cristianos.

Un ejemplo muy nítido lo constituyen las canciones que surgieron con el propósito de derrocar a las dictaduras. Por años ellas fueron creando el ambiente propicio para levantar al pueblo en armas.

¿Somos conscientes del tipo de música que escuchamos y del efecto que producen? ¿Cómo nos están "programando" las canciones que solemos escuchar, ya sea en castellano o en idiomas que conscientemente no entendemos? Como jóvenes cristianos debemos saber elegir a qué influencia musical nos sometemos.

La moda

Este es otro contenido de los medios de comunicación. Ya sea con pleno propósito o de manera indirecta, los medios masivos nos acercan las nuevas creaciones, estilos y propuestas en el vestir y la conducta.

Entendamos que no porque algo esté "de moda", uno debe aceptarlo incondicionalmente. El joven cristiano debe buscar sabiduría para decidir a qué moda adecuarse, y cuál rechazar por no armonizar con los principios bíblicos.

Comunicación sin fin

Vivimos inmersos en un mundo de mensajes que provienen de emisores con las más variadas intenciones. Son influencias constantes sobre nosotros.

Esta breve exposición sólo pone énfasis en las formas más evidentes de comunicación. No debemos olvidar que también existe la comunicación de mensajes subliminales, es decir, aquellos que conscientemente no captamos, pero que el subconsciente asimila, y de alguna manera nos "programa".

Procuremos, como cristianos, vivir en este mundo sin contaminarnos (Daniel 1:8).

La presión social

"No ruego que los quites del mundo, sino que los guardes del maligno" (Juan 17:15, RVA). Esta es una interesante frase de Jesús cuando oraba en favor de sus discípulos.

Por nuestro estilo de creencia y práctica, los cristianos hacemos el intento de vivir inmersos en el mundo siendo luz en medio de las tinieblas. Esto no es fácil, por ello muchas personas, en el pasado, han resuelto aislarse de la sociedad para procurar tener una vida santa, consagrada a Dios, sin posibilidad de ser contaminada con el pecado.

Dos cosas hemos de notar, en cuanto a aislarse del mundo. En primer lugar, no deja de ser interesante ya que ofrece la posibilidad de llevar una vida sana, sin las tensiones del trajinar diario, sin la lucha por la competencia, etc. Si una persona escoge esta vida con el fin de agradar a Dios, debe ser considerada con respeto y hasta con admiración.

Por otro lado, Jesucristo ha dicho que los creyentes debemos ser luz y sal. Y ambos elementos, para cumplir su cometido a cabalidad, deben estar inmersos en un medio para influir en él. Es notable el efecto que produce encender una luz en una habitación oscura, o echar unos granos de sal en la olla que cocina los alimentos. Este efecto es lo que perdemos si nos aislamos del mundo.

Nuestro puesto de lucha

La mayoría de los cristianos estamos llamados a pelear la buena batalla en lo más recio del combate. Jesucristo fue ejemplo en esto, él no tuvo problemas en compartir el diario trajinar de las personas de su entorno, sus tareas, sus reuniones, sus fiestas. Lógicamente esto fue aprovechado por sus enemigos para decir que él era "...comilón y bebedor de vino, amigo de publicanos y de pecadores" (Mateo 11:19). Ya lo dijo Shakespeare: "Aunque seas casto como el hielo y tan puro como la nieve, no escaparás a la calumnia." Todo tiene riesgos y desventajas. Procurar vivir como cristianos en este mundo va a tener su costo. Pero vale la pena intentarlo.

"Adonde va la gente, va Vicente"

Lo "normal" de este mundo es que el individuo vaya con la corriente. No resulta muy agradable que uno sea tildado de andar siempre nadando contra la corriente y, por extraño que parezca, los cristianos estamos llamados a vivir así. Esto se ve muy claro al pensar en que debemos ser luz en medio de la oscuridad y sal en medio del alimento desabrido.

Pero esto no significa que debemos vivir como eternos desubicados. Hay que buscar un equilibrio. Como cristianos tenemos el compromiso de que nuestras vidas generen comentarios que glorifiquen a Dios, y que hagan del evangelio algo deseable. En este sentido el "qué dirán" tiene su importancia.

Por otro lado, el hecho de que seamos diferentes a veces nos creará situaciones adversas que no deben amilanarnos. Debemos seguir adelante a pesar de críticas y oposición.

Joven cristiano, estamos llamados a ser diferentes. Bien dijo Jesucristo: "Si fuerais del mundo, el mundo amaría lo suyo; pero... no sois del mundo" (Juan 15:19).

Los compromisos sociales

Si pretendemos influir activamente en el mundo, no nos queda otra alternativa que participar razonablemente en él. Y al decir "razonablemente" nos referimos a hacerlo dentro de los principios cristianos.

Cuanto mayor sea el número de círculos que frecuentamos, tanto así y multiplicados será la cantidad de compromisos sociales a los que estaremos sujetos: bodas, cumpleaños, fiestas, acontecimientos, etc.

Jesucristo dio evidencia de participar gustosamente en las actividades sociales de su tierra, pero manteniendo siempre su autoridad espiritual. Un ejemplo: Las bodas de Caná (Juan 2:1-11). Por lo tanto, tenemos el compromiso de "meternos" en el mundo para influir en él desde dentro. Pero debemos ser conscientes de que ello significará vivir bajo constantes presiones y luchas. En esta empresa el cristiano sólo tendrá garantía de salir victorioso si se equipara con la armadura espiritual, descrita en Efesios 6:10-18. Este es un desafío para los valientes en Dios.

Ciencia *vs.* Biblia

La mente del creyente está especialmente equipada con la herramienta de la fe. "Dijeron los apóstoles al Señor: Auméntanos la fe" (Lucas 17:5); "...si tuviereis fe como un grano de mostaza... nada os será imposible" (Mateo 17:20). Y esta es una fe que viene de Dios para su glorificación.

Los que vivimos en el ambiente de la iglesia, estamos acostumbrados a observar este mundo con los ojos de la fe, y procuramos utilizar adecuadamente la razón que Dios nos dio.

La persona que aún no ha recibido la gracia de la salvación, mira este mundo con otro cristal. Entendemos que en alguna medida y forma ejerce algún tipo de fe, pues no todo en la vida es posible racionalizar. Y lo ejerce aun cuando ella misma no sea plenamente consciente de ello; por lo general esa persona establece su fundamento en lo material y en los "sólidos" argumentos de la ciencia. Esto da origen al conflicto entre el "imperio de la razón" de la ciencia, y lo que consideran las "supersticiones" de la Biblia.

Los temas "complicados"

Los que asisten a clase en el colegio o la universidad, saben muy bien que existen temas en los cuales los profesores en general realizan sus análisis y argumentaciones basados en la "todopoderosa" ciencia, dando como definitivamente desacreditadas a las ideas de la Biblia. Estos son momentos terribles para el estudiante cristiano.

En primer lugar, el profesor es la "autoridad" en la clase; segundo, el estudiante no tiene la preparación intelectual para enfrentar al profesor; tercero, el grupo de estudiantes casi siempre ya está condicionado para ver las cosas con los ojos de la ciencia; en cuarto lugar, las posibles argumentaciones de fe que puede dar el estudiante no tienen el rigor que exige la ciencia. Es entonces cuando la sombra del ateísmo comienza a aparecer sobre el joven. Y se pregunta: ¿Tiene sentido pasar siempre por tonto, tratando de vivir con creencias sin fundamento?

Estos son duros ataques contra la fe. ¿Hay alguna solución?

La fe: Instrumento de la ciencia

Una imagen algo exagerada del científico lo muestra echando mano exclusivamente al intelecto, a la razón, a lo estrictamente comprobable con fórmulas y experimentos de laboratorio. Sería el ejemplo en máxima expresión de aquella frase "Ver para creer" que se atribuye al apóstol Tomás.

Pero muchas veces el hombre de ciencia debe recurrir a un acto de fe para seguir adelante con su investigación. Por ejemplo, hace falta recurrir a una gran fe para aceptar los postulados de la Teoría de la Evolución, la cual afirma que el actual estado de cosas existe como resultado de un proceso que llevó millones de años. ¿Quién estuvo desde el principio para confirmar que, por ejemplo, el mono fue transformándose hasta convertirse en un ser humano?

Si el científico afirma que nuestras creencias como cristianos no tienen razón de ser por fundarse mayormente en la fe, pues nosotros también podemos indicarle que muchas de sus teorías se apoyan en la fe de que deben ser así y no de otra manera.

Fe y razón: Creaciones de Dios

Hay veces cuando los cristianos vivimos en tensión porque nos da la impresión de que, en esta pugna entre la ciencia y la Biblia, en cualquier momento los intelectuales de la investigación secular pueden dar el "tiro de gracia" y eliminar de una vez por todas a la Biblia. Sin embargo, los creyentes tenemos esta certeza: "...la palabra del Señor permanece para siempre" (1 Pedro 1:25).

Por otra parte, los cristianos debemos dar su correcto valor al uso de la razón. Si los intelectuales de este mundo desprecian nuestra fe, nosotros apreciamos la capacidad que Dios puso en la mente del hombre. Ya lo dijo David: "De Jehová es la tierra y su plenitud..." (Salmo 24:1a). Por lo tanto, los cristianos tenemos dos maneras de ver este mundo: una forma es con los ojos de la fe fundada en Dios; la otra, y que depende de la primera forma, es usar nuestra razón, la mente que Dios nos dio. Los ataques de los "científicos" no deben conmovernos; la eterna sabiduría de la Biblia siempre quedará triunfante.

Sectas y creencias

Hoy día estamos saturados de grupos religiosos que luchan por controlar el pensamiento y la vida de las personas. Caminamos por este mundo por senderos plagados de trampas y engaños que muchas veces se presentan como muy atractivas y seductoras alternativas, sobre las cuales podemos depositar nuestra necesidad de creer en algo o en alguien.

Así es. El hombre necesita creer en algo porque es un ser incurablemente religioso. Y, por esta tendencia tan humana, existe el constante peligro de ser engañado. Respecto de esto hay dos citas bíblicas muy interesantes: "Pero el Espíritu dice claramente que en los postreros tiempos algunos apostatarán de la fe, escuchando a espíritus engañadores y a doctrinas de demonios" (1 Timoteo 4:1); "Porque se levantarán falsos Cristos, y falsos profetas, y harán grandes señales y prodigios, de tal manera que engañarán, si fuere posible, aun a los escogidos" (Mateo 24:24).

Estos grupos religiosos, sectas o formas de creencia opuestos a la auténtica fe cristiana están en todas partes y son también influencias negativas para los jóvenes.

Las "carnadas" más comunes

No describiremos todos los tipos de sectas y creencias que son peligrosos para la fe en Jesucristo. Pero sí citaremos algunas ideas que por lo general estos movimientos presentan y con las cuales ganan adeptos.

Hay dos tipos de grupos. Están aquellos que son bien diferentes al cristianismo y que son más fáciles de identificar. Pero están los otros, los que tienen semejanzas con las enseñanzas de la Biblia, pero que en algún punto de sus ideas existe un mortal veneno. En este sentido, estos últimos son los más peligrosos. Entre sus ideas más atractivas se encuentran:

* La idea de que nuestra mente tiene infinitas posibilidades, las cuales nosotros podemos desarrollar. El problema con esto, suele ser la tendencia a arrinconar a Dios como un elemento de "ayuda" y él ya no es el centro.
* La posibilidad de hallar paz de espíritu. Cuando la fuente no se centra en Jesucristo, la enseñanza es falsa.
* La posibilidad de conocer el futuro por medio de los astros.
* El intento por comunicarse con los muertos.
* El cumplimiento literal de la Ley de Dios.
* Pertenecer a la "única y verdadera" iglesia.
* Obtener poder para dominar a los demás.

Estas ideas son sólo algunos ejemplos de "carnadas" que diversos grupos utilizan para sumar adeptos a sus filas. Como vemos, algunos propósitos podrían ser sanos y positivos. Lo que ocurre es que generalmente son sólo una fachada que oculta las verdaderas y perversas intenciones de los líderes de estos grupos.

No es que cada idea indicada más arriba identifique plenamente a un movimiento. Suelen manifestarlas en las más variadas formas y combinaciones. Lo recomendable para ti es que busques buena literatura que describa detalladamente a estos impostores. Es algo que no te conviene descuidar pues siempre aparecen por todas partes.

Realidad política

La región latinoamericana es muy particular en cuanto a situación política. Es un mosaico de marchas y contramarchas, de intentos de democratización y vuelta a una dictadura. Muchos son los problemas de nuestros países. Entre los más constantes elementos de presión se encuentran:

* El drama de la deuda externa.
* Las incipientes democracias, que débilmente comienzan a caminar entre paros y huelgas.
* Ante la incertidumbre económica, siempre se siente la sombra de una vuelta a las dictaduras militares.
* El acoso de la guerrilla.

✳ El narcotráfico, cuyas organizaciones son, en algunos casos, aún más poderosas que los mismos gobiernos.

✳ El escaso desarrollo cívico de nuestros pueblos.

¿Cuál política?

Vista la situación de nuestros países, ¿cuál debe ser la actitud del cristiano hacia la política?

Es necesario señalar que la política tiene dos dimensiones. En primer término, ella tiene que ver con el bienestar común referido a una nación en sus relaciones internas y externas. Toda persona que integra una comunidad tiene la ineludible tarea de involucrarse en este tipo de política. De alguna manera u otra, todos pertenecemos a la compleja maquinaria que hace funcionar nuestro país y debemos tomar interés por él.

Por otro lado, la política tiene un aspecto más específico. Es la materialización de lo expuesto más arriba por medio de una asociación de personas que buscan el poder político, de acuerdo con una ideología. Esto es lo que se llama un partido político.

Todo cristiano debería participar de la Política en mayúscula, pensando en el país y su desarrollo integral. Formar parte de un partido es una opción también válida para servir al prójimo. Fe y política no necesariamente se anulan.

"No te metas..."

Este solía ser el consejo de los padres a los hijos que, plenos de idealismo, buscaban involucrarse en algún movimiento civico-político: "No te metas en política."

Existe el pensamiento generalizado de que la política es "sucia", que en ella "todo vale" para obtener el poder. Y ciertamente en la experiencia se ha observado corrupción en abundancia. No es un campo fácil.

Pero, aun con sus lados oscuros, la política es una realidad inevitable. Idealmente la política es el instrumento adecuado para el ejercicio de la solidaridad, la justicia y la fraternidad. Hay que luchar por ello.

El cristiano vive en dos mundos. Debe tener los ojos puestos en el cielo, pero vivir con los pies bien firmes en la tierra. Y ante esta realidad inescapable no nos queda otra alternativa que, en la medida de nuestra vocación, ser luz y sal allí donde el Señor nos indica estar. José y Daniel en el Antiguo Testamento deben ser nuestro ejemplo.

Participar con principios cristianos

Las agrupaciones políticas existen en sus más variadas formas y permean todas las capas de la sociedad. Por ello el joven cristiano debe estar listo a que en algún momento se encontrará dentro del área de influencia de algun partido político, tratando de involucrarlo en sus objetivos.

Para involucrarnos con un partido político debemos tener muy en claro su ideología y la estrategia que sigue para el logro de sus objetivos. Necesitamos comprender que existen ciertos partidos cuyas características de pensamiento y de acción no armonizan con los principios cristianos, por lo cual hemos de permanecer firmes ante su influencia.

Aquí la cuestión clave no es si un partido es de Derecha o es de Izquierda, sino que se debe precisar si al involucrarse uno con él, es posible seguir manteniendo, sin claudicar, el compromiso cristiano como seguidores estrictos de las enseñanzas de la Biblia.*

Las tradiciones

El mensaje de la Biblia permanece vigente debido a que el hombre, aún con el paso del tiempo y de los cambios, sigue siendo siempre el mismo.

Desde el inicio de los tiempos el ser humano ha venido evolucionando en su manera de vivir, en sus costumbres, su lenguaje, sus instrumentos y comodidades. Pero es notable que las motivaciones y los impulsos básicos del hombre siguen siendo los mismos. Lo que va variando es cómo expresa esas necesidades o deseos. Por ejemplo, el hombre de las cavernas para expresar violencia utilizaba piedras o palos; hoy día la violencia se materializa con sofisticados armamentos. Se usan diferentes medios para un mismo fin.

Sin embargo, a pesar de los cambios existe en los pueblos una memoria colectiva que intenta mantener ciertas estructuras, ciertas peculiaridades que le dan identidad y razón de ser. Son las tradiciones y costumbres que varían de país en país. Y es en medio de estas peculiaridades que la eterna Palabra del Señor debe actuar "leudando la masa".

Nota: Las consideraciones básicas de esta sección están basadas en el libro *Los Evangélicos y el Poder Político en América Latina.* Editorial Nueva Creación.

La herencia hispanoamericana

Hispanoamérica es la región que habitamos todos los países que descendemos de España. Nos une una lengua, algunas formas de ser bastante peculiares y una religión dominante: el catolicismo romano. Este último elemento es en nuestra cultura latina un fuerte condicionante, a tal punto que aún hay lugares donde los evangélicos sufren persecución por ser considerados "herejes".

En muchos países la legislación está marcadamente influida por el catolicismo, al punto de que en algunos casos la religión de Roma tiene rango de culto oficial del Estado.

Lamentablemente el catolicismo se ha impregnado de supersticiones y prácticas regionales que desvirtuaron la pureza del evangelio de Jesucristo. Pero básicamente nuestra Hispanoamérica se considera a sí misma "cristiana" heredera de la tradición católica.

No es poco el desafío del auténtico cristiano, al considerar su deber de llevar el mensaje del evangelio a esta estructura de pensamiento.

Un cristianismo "folklórico"

Hay *una* iglesia del Señor. Es la iglesia universal de índole espiritual. Pero esta iglesia se materializa en todo el planeta en las formas de las más variadas denominaciones cristianas y dentro de ellas estamos los bautistas. Pero aun como bautistas tomamos en cada país rasgos y estilos propios, en medio de los cuales la eterna Palabra del Señor debe brillar con su mensaje.

Tenemos derecho a ser diferentes, a manifestar nuestras culturas regionales. Pero indudablemente cada país tiene como componente de su forma de ser algún elemento de pensamiento, de palabra o de acción que no concuerda con las Escrituras. Y es en ello donde debemos pedir sabiduría al Señor para ser buenos patriotas, pero a la vez buenos cristianos, desechando aquellas cosas que no agradan al Señor.

No pocas veces los componentes de nuestra cultura harán presión sobre la santidad que Dios espera de nosotros. Es necesario que nos impregnemos de su Palabra y de su Espíritu para ser luz y sal en medio de nuestros pueblos.

Mil influencias

Decidirse a ser un cristiano fiel equivale a ponerse en pie de guerra. Las fuerzas del mal alistarán toda su artillería para evitar que el evangelio de Jesucristo siga rescatando a las víctimas de la condenación, y bien dicen las Escrituras que esta lucha "...no es contra sangre ni carne, sino contra principados, contra autoridades, contra los gobernantes de estas tinieblas, contra espíritus de maldad en los lugares celestiales" (Efesios 6:12, RVA). Es impresionante esta descripción que hace Pablo acerca de la oposición que debe enfrentar el cristiano y esa oposición se materializa en las múltiples fuerzas de influencia que tratan de dañar la santidad del joven.

En las pocas páginas de este capítulo hemos tratado de repasar las principales formas en las que se materializan las fuerzas opositoras al reino de Jesucristo. No son las únicas, hay más y, para colmo, cada vez irán apareciendo nuevos estilos de perversión. Pero: ¡Joven, tú vales! en la medida que lo dejes actuar a él. Compruébalo.

Sugerencias para estudio personal y en grupo

Identifica las fuerzas que acechan contra tu santidad:
1. Area de comunicaciones
   a. Influencias negativas de los medios masivos en tu país.
   b. Propuestas para contrarrestarlas.
2. La presión de la sociedad
   a. Fuerzas sociales contra la santidad.
   b. Papel del joven cristiano en la sociedad.
3. Ciencia *vs.* Biblia
   a. Teorías que atacan a la fe.
   b. Equilibrio entre ciencia y fe.
4. Sectas y creencias
   a. Sus formas y expresiones.
   b. Su refutación con la Biblia.
5. Política y compromiso cívico
   a. Sus implicaciones peligrosas.
   b. El cristiano en la política.
6. Tradiciones y costumbres
   a. Manifestaciones negativas en tu país.
   b. La respuesta de la Biblia.
7. Anota otras fuerzas no descritas en este capítulo:

CAPITULO 6

VICTORIA SOBRE ALGUNAS TRAMPAS COMUNES

Juan Carlos Cevallos

Ella, una líder destacada en la congregación; él, con relativamente poco tiempo de creyente, asiste fielmente. Siempre están dispuestos a colaborar en cualquier cosa. Son novios y una pareja muy estimada por toda la iglesia. Un día llegan a la oficina pastoral; luego de una conversación nerviosa, la noticia asombrosa llega a los oídos incrédulos del pastor: ¡¡Están esperando un niño!! Luego del trabajo y soporte pastoral correspondiente y de la ayuda de una congregación que muestra un alto grado de madurez, la pareja sale victoriosa de esta trampa tan común. Han reconocido su pecado y, mostrando frutos de arrepentimiento, están empeñados en hacer de su hogar un hogar feliz.

Ellos, una pareja de maestros de escuela dominical, asisten con frecuencia a las reuniones de la iglesia en compañía de sus tres hijos. Son fieles en sus diezmos, nunca han causado dificultades a su iglesia, nadie les puede reprochar de algún pecado grave. Entre semana se dedican a sus profesiones, son dos personas, según los valores del mundo, de "éxito". Tienen muy buenos trabajos, casa, dos automóviles y una vida social muy activa con muchos amigos. Su vida fuera de la iglesia jamás ha logrado ningún impacto, casi nadie sabe que son creyentes. Algunos saben que son "evangélicos", pero eso no hace diferencia. Ellos han sucumbido ante la "trampa" del "éxito", con un cristianismo secular y nominal.

Estos dos relatos reales nos ilustran dos clases de vidas, una que pese a que cayó en una "trampa" que le condujo a un "pecado grave" dentro del cristianismo, pudo salir adelante debido a que en su vida hubo un verdadero arrepentimiento, con un gran soporte de una comunidad interesada en ellos. El segundo caso nos muestra a una pareja, muy representativa de nuestras "iglesias de clase media", que ha caído en una "trampa" muy común, pero que es aceptada socialmente, inclusive dentro de nuestras iglesias, pues por lo general son "hermanos influyentes" dentro de ellas; pero, a la luz de los valores del reino de Dios, son vidas atrapadas en el pecado de "conformarse a este mundo". Defintivamente no se trata de vidas victoriosas.

Debemos hacernos un llamado para definir lo que es una vida victoriosa, y definir también qué es la vida cristiana de éxito. Al considerar las relaciones entre el mundo y el cristiano, enfocaremos las "trampas" que el joven debe enfrentar. Son muchos los desafíos que debemos encarar. Empecemos por fijarnos en cómo obtener la victoria sobre algunas "trampas". Tenemos que empezar tratando de limitar lo que aquí se entiende por una vida de victoria, para luego pensar en cómo tenerla.

Lo que NO es una vida victoriosa

Asequible por medio del simplismo

Cuando queremos llegar al "qué hacer", al "cómo enfrentarme", por lo general tenemos algunas expectativas que son muy propias del mundo moderno, el cual es muy apegado a "fórmulas", a "leyes", a "pasos", etc. Queremos que nos den la fórmula de la felicidad, del éxito, de la vida de victoria, una fórmula en pocas palabras para poder aplicarla al instante y pasar a otras ocupaciones. Si queremos leer un buen libro, esperamos que pronto se presente en película para ahorrarnos el trabajo de leer y reflexionar. Muchos somos así. Pero para poder ser un creyente comprometido con Cristo y con el hombre, este sistema no sirve, no es válido.

Asequible por medio del legalismo

Por otro lado a veces queremos evitar caer en algunas "trampas", aplicando ciertas reglas fijas, reglas que posiblemente fueron válidas hace dos mil años, o posiblemente son válidas para el autor de este artículo, pero que de ninguna manera son aplicables a la situación particular de cada joven. Pretender tener reglas universales para salir de las "trampas" es caer en un legalismo asfixiante, que nos conducirá a un cristianismo ineficaz para evitar las verdaderas trampas.

Asequible por medio de la religiosidad

La victoria sobre las "trampas" más comunes tampoco se logra por lo que algunos llaman "ejercicios espirituales", que son válidos pero que al fin y al cabo no tienen ningún valor para los "apetitos de la carne" (Colosenses 2:20-23). Lo que quiero decir es que en demasiadas oportunidades pretendemos simplificar la vida cristiana a una serie de prácticas religiosas, pensando que si somos fieles a ellas, ya tendremos el poder para vencer estas "trampas". Es más. Pensamos que si cultivamos alguna práctica ascética, tal como realizar largos "ayunos" o "vigilias", por el sencillo hecho de estar en ellas ya podremos vencer las tentaciones. Estas prácticas son buenas, pero de ninguna manera son mágicas.

Asequible por medio del aislamiento

La solución frente a estas trampas tampoco es aislarse del mundo. Posiblemente pudiera ser una solución temporal pero jamás es la solución bíblica, ni humana. Este aislarse se da a varios niveles. En primer lugar, un aislamiento total. Es hacer vida de convento, ya sea en forma temporal o para siempre. En segundo lugar este aislamiento se da en el concepto falso de "separarse del mundo", lo cual es muy común en nuestro medio. Como evangélicos jóvenes debemos luchar contra la idea de que un divorcio radical con la sociedad es el ideal cristiano. Esta no es la enseñanza bíblica. Al contrario, debemos estar muy involucrados en la sociedad para cumplir nuestra tarea de ser la sal de la tierra. Con razón el apóstol Pablo dijo: "Os he escrito por carta, que no os asociéis con los fornicarios. No me refiero en forma absoluta a los que de este mundo son fornicarios, avaros, estafadores o idólatras, pues en tal caso os sería necesario salir del mundo" (1 Corintios 5:9, 10 RVA).

Asequible por medio del "exitismo"

Finalmente podemos afirmar que la victoria sobre algunas trampas no la encontramos en el "exitismo". En una sociedad como la nuestra, en donde los valores de una sociedad de consumo se están imponiendo a gran velocidad, en donde los valores de un capitalismo mal entendido son considerados por algunos como lo bíblico y evangélico y por lo tanto la única opción para un joven consagrado, el éxito de una persona se mide por asuntos como: lo que tengo, ya sea casas, automóviles, ropa, amigos o, dentro de la iglesia, por pertenecer a una congregación prestigiosa, con muchos miembros o con un templo muy grande. Es llegar a una situación aceptable por la sociedad, vivir una vida sin las preocupaciones del mundo. Este éxito, curiosamente se presenta en muchas de nuestras iglesias; por ejemplo, tener una profesión, para luego ser personas de "poder". Este tipo de éxito es el que busca tener dominio sobre otras personas, para manipularlas y contar con el reconocimiento de la sociedad. Esta, definitivamente, no es la victoria que nos describe la Biblia. Ella nos presenta una visión muy diferente.

El relato de Esteban que encontramos en Hechos 6 y 7, nos da un ejemplo de una vida de "victoria sobre algunas trampas", aunque no es precisamente una vida de victoria como nos la describiría un religioso secular de alguna iglesia contemporánea. Esteban era un diácono que, según el capítulo seis, cumplía todas sus obligaciones. Pero no se contentó con cumplir las responsabilidades religiosas asignadas por su congregación (6:3), sino que fue más allá, haciendo grandes prodigios y señales entre el pueblo. En cumplimiento de su tarea como creyente, Esteban se enfrentó con una "trampa": su radicalidad en la presentación del evangelio le comprometió de tal forma que puso en peligro su vida. El pudo haber salido de esta situación retractándose de la verdad de su mensaje, y seguir siendo un diácono de "éxito", cumpliendo sus responsabilidades dentro de la iglesia. Pero no, él optó por la victoria de Cristo, que en su caso era la muerte. ¡Qué paradoja! La vida de éxito de Esteban era morir. Sus valores eran diferentes, la victoria de él era diferente a la que el mundo le ofrecía. ¿Acaso la vida de victoria del creyente no es una vida de valores contrarios a los que el mundo ofrece? La "trampa" era retractarse y estar tranquilo, la victoria era morir apedreado.

Lo que SI es una vida victoriosa

Una vida de conflictos

Cuando hablamos de "victoria sobre algunas trampas", estamos aceptando ciertos conceptos. Por ejemplo, se sobreentiende que la vida del creyente no es cosa sencilla. Nos hallamos en medio de una gran batalla y estamos en permanentes conflictos. Esa es la vida normal del creyente. El creyente que desea agradar a Dios es el que está luchando contra factores externos e internos que desean que su vida cristiana sea un fracaso. La lucha permanente del creyente es lo normal. No tener conflictos es lo *anormal*, cuando los valores del creyente se amoldan a los valores que el mundo impone. Esto no quiere decir que se debe buscar el conflicto. Vendrá sin necesidad de buscarlo, cuando procuramos vivir una vida que agrade a Dios.

Debemos estar conscientes de que en la batalla algunas veces vamos a perder. Lo ideal sería que nunca fuera así, pero esa no es la realidad. Alguna vez vamos a perder, por lo tanto, debemos estar listos para enfrentar esa realidad. En 1 Juan 2:1 nos dice el apóstol Juan, que escribe su carta para que sus lectores no pequen, pero a renglón seguido dice que sí van a pecar, por lo tanto les indica el camino hacia la solución (1 Juan 2:1).

También aceptamos que existen "trampas", que en el lenguaje bíblico son las tentaciones. Nos conviene tener una perspectiva clara del papel de las tentaciones en la vida del joven creyente.

Venciendo las tentaciones

Los creyentes por lo general tendemos a asignar toda la culpa de estas "trampas" o tentaciones a la sociedad, olvidando que éticamente es neutra, o la asignamos al diablo. La verdad que nos da la Biblia, es que no siempre esto es así. Veamos algunos orígenes de las tentaciones.

(1) Para muchos jóvenes, como para muchos creyentes, es más fácil echar la culpa de nuestras acciones a Satanás. Pero no siempre él tiene la culpa de las "trampas". Santiago 1:14 nos dice que cuando seamos tentados, pensemos que no debemos responsabilizar a otra persona que no sea a nosotros mismos de esta "trampa". Sin duda el primer origen de las "trampas" radica en nuestra naturaleza que tiende al pecado y a la desobediencia. Pablo lo confirma diciendo que nuestra vida no está sujeta a la esclavitud del pecado, sino que debemos presentarnos a Dios como instrumentos de justicia (Romanos 6:12-14). Es menester que en cada momento de nuestra vida nos presentemos delante de Dios para que él moldee nuestra naturaleza de pecado a su semejanza. Este es el primer paso para lograr la victoria sobre algunas "trampas" que enfrentamos.

(2) Lo anterior no significa de ninguna manera que se debe desconocer la fuerza de Satanás, pues él es muy poderoso, y en varias oportunidades él sí tiene la culpa de las "trampas" en las que caemos. El Nuevo Testamento es claro al presentarnos por

medio de Pedro la imagen de un Satanás presto para devorarnos al menor descuido (1 Pedro 5:8), o por la figura de Pablo (2 Corintios 11:14), quien presenta a Satanás como un "ángel de luz", es decir, por medio de cosas muchas veces atractivas, pero mortíferas. Debemos estar conscientes de que él es muchas veces demasiado fuerte, por lo cual es necesario escapar, literalmente huir. Por esta razón Pablo recomendaba a Timoteo que "huya de las pasiones juveniles" (2 Timoteo 2:22). A veces lo mejor que podemos hacer es no subestimar al Maligno, sino temerle, pues somos débiles. La actitud de José frente a la esposa de Potifar es una buena ilustración. Por otra parte, es digno de notar que en el pasaje de Timoteo, se contraponen "las pasiones juveniles" con una vida de justicia, fe, amor y paz. Debemos huir de las "trampas" de Satanás.

(3) Por otro lado, hay también pruebas puestas por Dios, que no llamaríamos propiamente "trampas", pero sí obstáculos. La diferencia entre las puestas por Satanás y las puestas por Dios, es que las primeras son puestas con el propósito de que caigamos, mientras que las segundas son puestas para que crezcamos. Tenemos que superar las dos. Al emprender el proceso de vencer, contamos con la seguridad de que "fiel es Dios, que no os dejará ser tentados más de lo que podéis soportar, sino que juntamente con la tentación dará la salida, para la que podáis resistir" (1 Corintios 10:13, RVA).

Clases de tentaciones

Lutero afirmaba que las tentaciones son como un pájaro que vuela sobre nuestra cabeza. No podemos evitar que lo haga, pero podemos evitar que haga su nido en nuestra cabeza. Con esto queremos decir que hemos de reconocer la realidad de las tentaciones o de las "trampas". No somos más espirituales si decimos que no somos tentados, decirlo más bien demuestra una falsa espiritualidad. Debemos aprender a identificar las tentaciones o "trampas" para poder vencerlas. Por otro lado, debemos estar conscientes de que hay diferentes clases de "pájaros" en cada caso, pues no todos somos tentados en el mismo grado ni por las mismas cosas. Por ejemplo, permítanme un ejemplo personal. Por ciertos factores en mi formación, para mí jamás las bebidas alcohólicas han sido una tentación, ni cuando era adolescente, ni ahora; pero no por esto puedo juzgar a otros que sufren esta tentación. Yo no debo hacer ningún esfuerzo para no "tomar un trago", pues nunca me gustó. Pero para mí sí es una tentación buscar satisfacción para mi vida obteniendo cosas materiales y debo luchar para que no me derrote. Esta es mi tentación. No podemos poner a todas las personas en un mismo molde porque todos somos diferentes.

Nuestra meta de victoria

Sin duda todos estamos de acuerdo en que nuestra meta en la vida de creyentes es imitar a Cristo. Debemos ver en él el ejemplo supremo para tener una vida de victoria sobre las "trampas". "El que dice que permanece en él, debe andar como él anduvo" (1 Juan 2:6). El es nuestro modelo óptimo. Hebreos dice: "Porque no tenemos un sumo sacerdote que no pueda compadecerse de nuestras debilidades, sino uno que fue tentado en todo según nuestra semejanza, pero sin pecado" (Hebreos 4:15). Y también añade Lucas que "cuando el diablo hubo acabado toda tentación" (Lucas 4:13). Estos pasajes nos animan a que confiemos en Cristo como nuestro modelo a seguir. Su vida no fue un tiempo de pura alegría para él. Muchos son los momentos cuando podemos encontrar a Jesús en angustia, siendo el más típicamente representativo la agonía en Getsemaní. En este pasaje podemos ver cómo Cristo venció la "trampa" de no hacer la voluntad de Dios. Pero primero pasó por una gran agonía.

También debemos hacer notar que existe una gran diferencia entre Jesús y nosotros. Ya Hebreos nos dice que él no tuvo pecado. Esto nos hace muy diferentes a él. Podemos pensar entonces que la vida del creyente, idealmente debe ser como Cristo, pero la realidad es que podemos caer. Es más, vamos a caer. La vida victoriosa no es, entonces, no caer nunca sino que si caemos podamos levantarnos para llegar a la meta.

Jamás olvidaré la historia del gran atleta ecuatoriano, Rolando Vera. El ha sido el único ganador cuatro veces consecutivas de la famosa carrera de San Silvestre, en Río de Janeiro. En una de ellas, al instante de salir fue derribado por la gran cantidad de atletas que corrían. Los que seguíamos la competencia por televisión pasamos un momento de gran nerviosismo, pues nuestro atleta no apareció entre los primeros hasta casi la mitad de la carrera. Pero él estaba preparado para ganar, recibió aliento de uno de sus compañeros de equipo y aunque golpeado se lanzó a la meta, y fue pasando a todos los corredores hasta llegar a la meta y ganar. Obtuvo la victoria, pero el mayor mérito fue que lo hizo aun después de haber caído. Cayó pero se levantó y triunfó.

Es un proceso

Hay muchas figuras en la Biblia que nos ilustran la vida cristiana, y una de las más significativas es la que compara esta vida con un "caminar". Nos hace pensar en dos implicaciones: primera, la vida cristiana y, por ende, la victoria a la que hemos sido llamados, no es algo estático y, segunda, para poder tener una vida de victoria sobre las "trampas", es necesario pasar por un proceso.

Se debe, entonces, descartar cualquier idea de que la vida de victoria es solamente un acto aislado, o la repetición mecánica de algunas fórmulas mágicas. No sucede que: "para la trampa de la vida social el remedio es...", o "para la trampa de las relaciones prematrimoniales el remedio es...". En la Biblia, la vida cristiana no se presenta como una serie de fórmulas simplistas. Debemos ser enfáticos en esto. Cada situación y cada persona es diferente. La obtención de la victoria sobre cualquier "trampa" es un proceso, la vida cristiana victoriosa es un proceso.

Regresando a la idea del "caminar" notemos dos pasajes que enfatizan el proceso de "victoria". El primero es Gálatas 5:16: "Digo, pues: Andad en el Espíritu, y no satisfagáis los deseos de la carne." La demanda que nos hace este pasaje es que debemos comportarnos de tal manera que el Espíritu Santo sea el que toma control de nuestra vida, para que se produzca el fruto que Dios desea (Gálatas 5:22, 23). No podemos obtener este fruto en un abrir y cerrar de ojos, o por medio de alguna experiencia mística. Solamente podemos lograrlo cuando nos dejamos guiar por el Espíritu Santo en cada decisión (Gálatas 5:18).

Encontramos el segundo pasaje en Efesios 5:1, 2, 15-21. Aquí se destaca que: hay un llamado a una vida de imitación de Dios, ejemplo que se materializa en el amor de Jesús, por eso nos manda andar en amor. Pablo sigue exponiendo y afirma que este imitar a Jesús, significa que debemos andar sabiamente, es decir, comportándonos de tal manera que entendamos cuál es la voluntad de Dios, tema que trataremos más adelante. Sigue diciendo, en esta cadena de ideas, que la voluntad de Dios es que seamos llenos del Espíritu Santo, que no es otra cosa que una vida guiada por él. Esta vida se reflejará en actos concretos, no tanto místicos sino de la vida diaria como son: la forma de hablar, teniendo un cántico en el corazón, teniendo una actitud positiva ante lo que nos pasa y sometiéndonos los unos a los otros. Logramos la vida de victoria sobre las "trampas" solamente bajo el control del Espíritu Santo. Pero todavía no hemos dicho nada del cómo. De esto nos ocuparemos ahora.

Cómo obtener la victoria en Cristo

Premisas

La primera premisa básica y fundamental es que tendremos la victoria sobre las "trampas" en virtud de lo que Cristo es, no por nuestra capacidad. Muy claro lo dice Pablo cuando escribe: "Mas a Dios gracias, el cual nos lleva siempre en triunfo en Cristo Jesús,..." (2 Corintios 2:14). El triunfo que podemos tener lo será gracias a Jesucristo. Tenemos un ejemplo de esto en 1 Corintios 15:57, donde nos da la certeza de que en Cristo tenemos la victoria sobre la "trampa" más difícil que podemos enfrentar: el temor a la muerte.

Como segunda premisa decimos que esta victoria es real debido a nuestra fe, "y esta es la victoria que ha vencido al mundo, nuestra fe. ¿Quién es el que vence al mundo, sino el que cree que Jesús es el Hijo de Dios?" (1 Juan 5:4, 5). Aquí sin duda se entiende por fe esta relación íntima que tenemos con el Padre, por medio y por causa de Jesucristo. La victoria que podemos obtener sobre las "trampas" tiene sus más gloriosas ilustraciones en el largo capítulo de Hebreos 11; allí encontramos una serie de personas que salieron triunfantes en sus situaciones particulares, teniendo diferentes finales. Algunos héroes de la fe salieron triunfantes después de pasar por diferentes "trampas" (vv. 1-34). Pero otros, triunfaron sobre sus "trampas" muriendo o sufriendo tremendamente (vv. 35-38). La victoria que Dios nos ha ofrecido a cada uno de los que tienen fe es diferente.

Proceso

Ya se ha dicho que para salir de una "trampa" no es posible tener una fórmula rápida e instantánea; tampoco se pueden usar fórmulas mágicas, como pasar orando una noche o algo similar. Esto sin duda será una gran ayuda, pero se necesita mucho más. La solución es un proceso.

Hay algunos pasajes que nos ilustran cómo obtener esta victoria. Uno de ellos lo encontramos en Efesios 6:10-20. Esta porción es un magnífico ejemplo que nos enseña que la victoria no es el uso de un solo instrumento o herramienta, sino la mezcla de varios elementos, en un tiempo determinado, que por lo general es largo.

Primera de Juan 2:13-19, nos da un ejemplo más, presentado en forma de poesía. Se destacan las siguientes ideas. Primera, es posible vencer al maligno. Es más; él está vencido, lo cual ya nos da una ventaja. Nosotros estamos luchando una batalla que ya ha sido ganada. Segunda, se puede inferir que esta victoria se ha logrado porque hay fortaleza, fortaleza que no viene de nosotros mismos sino de Dios; este pasaje, en forma específica, señala a la Palabra de Dios que permanece en nosotros. El apóstol Pablo habla en términos parecidos en Colosenses 3:16, donde encontramos el sentido de no solo permanecer, sino que es el motivante para algunas acciones. La Palabra de Dios bien entendida fue una herramienta usada por Jesucristo para salir airoso frente a las "trampas" que le puso Satanás en el desierto. La idea de Pablo y Juan es que el poder de la Palabra de Dios es suficiente para darnos la victoria.

Veamos un pasaje más que nos puede ayudar a entender los mecanismos de victoria sobre las "trampas". Romanos 12:12 nos enseña tres pasos para salir adelante: Primero, un acto volitivo de invitación a la acción, un llamado a que reflexivamente tomemos una determinación de dejarnos posesionar por Dios mismo. Segundo, una actitud profética de denuncia contra los valores de una sociedad alienante, una sociedad que quiere imponer sus puntos de vista, sus valores sobre nuestras vidas, es un grito de libertad de esta presión. Tercero, un crecimiento de autenticidad, un llamado a renovar nuestro entendimiento, para que actuemos movidos por motivos bien cimentados y estables, antes que por sencillos estímulos emocionales; un grito a que seamos diferentes. Solamente así podremos comprobar cuál es la voluntad de Dios. En otras palabras, podremos vivir una vida victoriosa, que es la voluntad de Dios. Notemos que este pasaje no nos habla de "buscar la voluntad de Dios", sino de comprobarla, lo que es muy diferente. Si estamos andando de acuerdo con las demandas que nos hace Dios, no tendremos que buscar la voluntad de Dios, sino que la comprobaremos. Nuevamente la idea es que la vida victoriosa sobre las "trampas" no es un acto de éxtasis espiritual en determinados momentos de consagración, sino que es una vida, un proceso, un caminar en victoria. Los triunfos los logramos en el peregrinaje constante como creyentes que agradamos al Señor.

Un modelo[1]

Debemos afirmar que de ninguna manera estamos refiriéndonos aquí a un molde que se debe aplicar a cada situación y a cada persona. Queremos solamente dar un modelo, del cual podrás obtener ciertos principios para aplicar a tu vida.

La victoria en Cristo, volvemos a enfatizar, es un proceso. Este proceso puede tener los siguientes pasos: Paso uno: Es la *participación* o el estar involucrado en hacer la voluntad de Dios, no solamente "buscar". Sin este paso de compromiso es imposible llegar a la victoria. Paso dos: Es *ver* o analizar cuál es la "trampa", lograr una identificación completa del problema. Mientras no podamos identificar la "trampa", no podremos proceder a *juzgar*, que implica poder relacionar la situación concreta con las verdades eternas, reveladas en la Biblia. Recordemos que la Biblia, más que leyes para cada acto nuestro, nos da principios para aplicarlos. Paso tres: *Actuar*: la vida victoriosa es caminar, no solamente quedarse con una experiencia "espiritual", sino vivir la victoria, para iniciar un nuevo círculo de "triunfo sobre las trampas".

Sugerencias para estudio personal y en grupo

Estamos convencidos de que la única manera de salir victoriosos sobre las "trampas", es que pasemos de la emotividad a la voluntad, es decir debemos buscar una fuerza animadora de nuestra voluntad, que debe ser la Palabra de Dios. Pero para que esto sea una realidad es menester que se realice una interiorización de esta voluntad.

En este punto seguimos el trabajo presentado por Luis Augusto Castro.[2] Describe una situación vivida por ti en la cual se presente una "trampa"; con la ayuda de otros, o tú solo, procura presentar el camino para una vida victoriosa. Sugerimos pasar por el análisis que se encuentra en la siguiente página.

Para el ejercicio recomendamos usar el cuadro presentado, teniendo en cuenta que el proceso se inicia en el paso 1, de abajo a arriba. El ejercicio será válido si pudiste transitar en el camino trazado, si te diste cuenta de la diferencia entre la situación (1) y el significado (2), si identificaste la clase de motivación que te impulsó (4), si encontraste principios bíblicos que te hubieran ayudado a superar la "trampa" (5), si en el futuro puedes tener una opción más valedera (6).

Estimado joven, podemos hacer varios ejercicios más, pero necesitas saber vivir victoriosamente, por eso te impulso a que sigas adelante, que tomes los principios dados en este capítulo y empieces a vivir la vida de victoria.

"Os he escrito a vosotros, jóvenes,
porque... habéis vencido al maligno" (1 Juan 2:14).

NOTAS

1. Me he permitido hacer modificaciones a las ideas que dan los hermanos Leonardo y Clodovis Boff, cuando ilustran el "Cómo hacer una 'teología de la tierra'", en su libro *Cómo Hacer Teología de la Liberación*. Madrid: Ediciones Paulinas, 1985. Págs. 56-58.

2. CASTRO, Luis Augusto. *Llegar a ser Apóstol*. Bogotá: Colombia, Ediciones Paulinas, 1984. Págs. 90, 91.

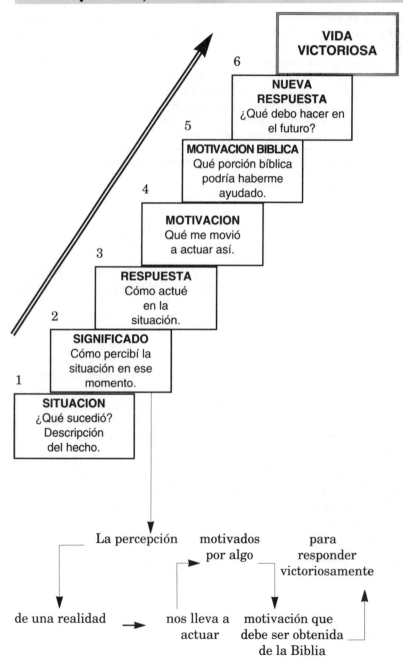

CAPITULO 7

LA SANTIDAD COMO PROCESO DE CRECIMIENTO

Marlo René López

La vida cristiana es una forma de vida de constante crecimiento en la fe en Jesucristo. El apóstol Pedro nos exhorta a crecer en la gracia y el conocimiento de nuestro Señor Jesucristo (2 Pedro 3:18). También nos manda añadir a nuestra fe, virtud, conocimiento, dominio propio, paciencia, piedad, afecto fraternal y amor (2 Pedro 1:5-7). El crecimiento en la vida cristiana es permanente, tiene como meta llegar a la estatura y la plenitud de Cristo Jesús (Efesios 4:13).

Resultados de vivir una vida de santidad

Hay varias características espirituales en la vida del creyente que se dan en forma natural y como resultado de vivir una vida de santidad. En primer lugar, *será un verdadero discípulo de Jesús*. Discípulo de Jesús es aquel que le sigue en obediencia y en íntima comunión, con el propósito de servirle. Responder afirmativamente al llamado de Jesús es más que una confesión de fe, es un acto de obediencia. En la vida del discípulo hay un ardiente deseo de saber quién es su Maestro, pero más que esto, su mayor anhelo es llegar a ser lo que su Maestro es. Dentro del marco de la vida de fe es posible vivir la vida de santidad porque el discípulo de Jesús ha sido creado por Dios para vivir en santidad. La santidad se vive en íntima comunión con el Maestro. Separado de él, el discípulo no puede hacer nada. El discípulo vivirá en comunión con Jesús cuando viva en obediencia, vivirá en obediencia cuando le ame verdaderamente y le amará verdaderamente cuando le obedezca (Juan 14:15, 21; 15:10).

En segundo lugar, *será un fiel testigo de Jesús*. Sólo en la comunión diaria con su Maestro el discípulo llegará a ser un fiel testigo. Será luz y sal en el mundo. Hablará de su Maestro con poder, y vivirá como un verdadero discípulo ayer y hoy. Nunca ha sido suficiente con *hablar* de Cristo, siempre ha sido necesario *mostrar* a Jesús por medio de los actos diarios. Hoy, más que nunca, se necesitan fieles testigos de Cristo que testifiquen con poder y denuedo de su maestro.

Sólo se es discípulo obedeciéndole, y se le obedece en el fiel testimonio. El verdadero discípulo no se avergonzará de su Maestro sino que hablará con poder su evangelio. Su mayor anhelo será rescatar almas de la condenación eterna. Desde lo profundo de su corazón podrá decir como San Pablo ¡ay de mí si no predicare el evangelio! Todo aquel que dice creer en Jesucristo debe recordar las palabras del apóstol Juan: "El que dice que permanece en él debe andar como él anduvo" (1 Juan 2:6).

Una tercera consecuencia de vivir en santidad es que el cristiano *será un fiel siervo de Jesucristo*. El servicio cristiano es un acto de obediencia espontáneo que se da en la constante comunión con Dios. El cristiano que vive en santidad, servirá motivado por el amor a Dios y a su prójimo (Gálatas 5:13), no por orgullo o por vanagloria sino con buena voluntad (Efesios 6:7), no para que lo vean los hombres sino para glorificar a Dios únicamente. Con humildad reconocerá que él no es más que un siervo y esclavo de Jesús. Servirá con abnegación y sacrificio, no ofrecerá nada delante del altar de Dios, que no le haya costado caro. Siempre tratará de dar lo mejor de sí a Dios, nunca las sobras.

En el altar de Dios pondrá lo mejor de sus talentos, bienes, tiempo, dinero, esfuerzo y toda su vida. Dios ocupará el primer lugar en todo.

El joven y su vida en la comunidad de los santos

La decisión de seguir a Jesús es una decisión individual, pero el seguimiento diario de Jesús se hace en la comunión con los santos.

"Quien abandona a su padre por causa de Jesús hallará en

ella un padre, hallará hermanos y hermanas, e incluso campos y casas que le están preparados. Todos se lanzan aislados al seguimiento pero nadie queda solo en el seguimiento. A quien osa convertirse en individuo, basándose en la palabra de Jesús, se le concede la comunión de la Iglesia." Estas palabras de Dietrich Bonhoeffer reflejan en forma clara la realidad de todo discípulo de Jesús: la comunión con los santos. Todo aquel que obedece al llamado de Jesús es puesto por Dios dentro del cuerpo de Cristo: la iglesia. La comunión con los santos es más que estar juntos en un mismo lugar. La comunión cristiana es hecha en Cristo, es armonía, concordia y paz. Es comunión en un mismo sentir, en una sola fe, en un mismo bautismo y un solo Señor y Dios. San Pablo, aconsejando a su joven discípulo Timoteo, le exhorta a que "ninguno tenga en poco tu juventud, sino sé ejemplo de los creyentes en palabra, conducta, amor, espíritu, fe y pureza" (1 Timoteo 4:12). Joven, también para ti es este llamado, por lo tanto esfuérzate en ser ejemplo en todo en tu iglesia, recuerda que en ti habita la potencia de Dios: el Espíritu Santo.

En el consejo de Pablo a Timoteo encontramos tres principios en los cuales debes ser ejemplo como discípulo de Jesús. En primer lugar, *debes ser ejemplo en amor*. El amor nace en el corazón mismo de Dios. Juan nos recuerda que Dios es amor, por lo tanto, si queremos ser ejemplos en amor debemos tomar de la fuente misma que es Dios. El amor de Dios es bondadoso y benevolente, se caracteriza por la sinceridad y la verdad (Efesios 2:4, 5). Además es generoso y dadivoso, se preocupa por las necesidades de los demás. El amor cristiano se manifiesta en el perdón y en la restauración, es el vínculo que hace posible la paz (Filipenses 2:2; Colosenses 2:2). Podemos discrepar y estar en desacuerdo en puntos doctrinales, en aspectos metodológicos y en otras cosas, pero si en el discípulo hay amor cristiano, *agape*, entonces habrá paz.

En segundo lugar, *debes ser ejemplo en la fe*. No te fijes cuán difícil resulta el camino, o cuántos obstáculos tienes por delante, sino que tú, como discípulo, debes seguir siempre hacia adelante puesta la mirada en Jesús. La fe cristiana es un elemento activo y dinámico, es más que un simple asentimiento intelectual, es un estilo y una forma de vida. La fe tiene tres elementos que le son inherentes. El primer elemento es el conocimiento. La fe cristiana no es una fe vaga, está fundada en la autorrevelación de Dios en Jesucristo.

Los hombres primero necesitan escuchar el mensaje del evangelio para después decidir creer o no creer. La fe viene por el oír la palabra de Dios. ¿Pero cómo creerán si no hay quien les predique, y cómo predicarán si nadie ha sido enviado, y cómo serán enviados si no hay quien los sostenga en oración y con ofrendas? ¿Te has preguntado alguna vez dónde estás tú, cuál es tu lugar en el cuerpo y si estás cumpliendo fielmente con tu misión? ¿Estás en el lugar de los que van y predican? O si no puedes ir, ¿estás en el lugar de los que ofrendan y oran para que otros vayan? Recuerda que todavía hay cientos de tribus que no han escuchado el evangelio de Jesús. Hoy más que nunca debemos esforzarnos por ir a todas las naciones de la tierra.

El conocimiento en la fe es progresivo, Dios se ha revelado en Jesucristo, y el testimonio de esa revelación es la Biblia. Por eso necesitamos estudiar con más diligencia diariamente las Escrituras. No podemos vivir en obediencia y, en consecuencia, en santidad en tanto ignoremos los mandamientos de Dios. La lectura, la meditación y el estudio diario de la Palabra de Dios son indispensables para el crecimiento en la vida cristiana. El otro elemento de la fe es la obediencia. Ningún cristiano puede confesar con su boca fe en Dios y al mismo tiempo vivir en desobediencia. En la fe cristiana lo que se cree debe estar en armonía con lo que se hace. Sin obediencia a la voluntad de Dios no hay santidad.

El tercer elemento de la fe es la esperanza. La esperanza del cristiano está basada en la fidelidad de su Señor y de su palabra y no en sus propios sentimientos. El futuro para el cristiano es firme porque es esperanza en Cristo (1 Tesalonicenses 1:3), en Dios (1 Timoteo 4:10). El cristiano no vive por vista sino por fe, por lo tanto vive en esperanza; y esta esperanza está fundamentada en la palabra de Dios.

Finalmente, el apóstol Pablo nos manda *a ser ejemplos en pureza*. Esto es, guardarse sin mancha del mundo. San Juan nos dice "no améis al mundo ni las cosas que están en el mundo" (1 Juan 2:15). Los cristianos del primer siglo tenían por costumbre jurar no cometer hurtos, ni robos, ni adulterios, ni faltar a su palabra, ni negar una promesa que han hecho cuando son llamados a responder por ella. Como cristianos, debemos tomar la firme determinación de no contaminarnos con las cosas de este mundo, y mantenernos firmes en oración como lo hizo Daniel en Babilonia. Porque, ¿qué comunión tiene la luz con las tinieblas?; ¿quién puede amar a dos señores a la vez? O se ama a Dios o al mundo pero no a los dos al mismo tiempo.

Joven, tú decides la clase de vida que quieres vivir

Ahora que le has dado tu vida a Dios, has sido hecho por él su hijo, has sido adoptado por Dios, has sido hecho del linaje real, y eres especial tesoro para Dios. El te ha dado de su espíritu el cual clama dentro de ti ¡abba Padre! Y es por su espíritu que puedes vivir la vida de santidad. Sin el poder del Espíritu de Dios nadie puede vivir en santidad. Es el Espíritu de Dios el que te aparta y te capacita para vivir en obediencia. Cuando le entregaste tu vida a Dios, él te dio su Espíritu Santo no con el propósito de que lo sientas, sino para guiarte en el camino de la obediencia y de la santidad.

La Biblia nos dice que Dios nos ha dado un espíritu de poder, de amor y de dominio propio (2 Timoteo 1:7). El Espíritu Santo es la persona divina que Dios te ha dado para que puedas vivir una vida santa y cumplir con la misión de ir por TODO el mundo y predicar su evangelio a TODA criatura.

El Espíritu Santo es el que nos capacita para perdonar al que nos ofende y nos agravia. Nos da poder para vencer las tentaciones y las pruebas. La presencia de Dios habita en ti y en mí. La elocuencia, la experiencia, la habilidad, el conocimiento y la planificación son importantes para llevar a cabo la obra de Dios, pero todas estas cualidades no son nada sin la presencia y la acción del Espíritu de Dios.

El cristiano puede vivir una vida de santidad y de poder porque en él habita la potencia de Dios. El Espíritu Santo es un Espíritu de amor. Jesús nos manda a amar a nuestro prójimo tal como él nos amó. Dios nunca nos va a pedir nada que no podamos hacer. Podemos amar con abnegación y sacrificio porque Cristo habita en nosotros por medio de su Santo Espíritu.

Finalmente el Espíritu de Dios es espíritu de dominio propio. El Espíritu nos capacita para ser dueños de nosotros mismos. El poder para dominar las pasiones, los deseos y los afanes de este mundo sólo se logra en la constante sumisión a la voluntad del Espíritu de Dios. El dominio propio sólo se logra cuando Dios tiene el dominio de nuestra voluntad.

Teniendo esto en cuenta, podemos vivir una vida de victoria. La Biblia nos dice que somos más que vencedores (Romanos 8:31-34, 38, 39). El propósito de Dios al crearnos fue para que vivamos en victoria siempre. En medio de las adversidades y de los problemas podemos ser más que vencedores. Cuando nos abandonamos en los brazos de Dios él nos lleva de triunfo en triunfo, de victoria en victoria. No tenemos por qué vivir vidas derrotadas.

La Biblia nos dice que nuestras armas no son carnales sino poderosas en Dios para la destrucción de fortalezas y de todo aquello que se levanta contra su conocimiento (2 Corintios 10:4). La vida victoriosa no depende de nuestras capacidades intelectuales, ni de nuestra experiencia, ni de los años de creyentes que tengamos, ni de nuestros talentos o dones. La victoria y la batalla pertenecen sólo a Dios, es él y sólo él quien nos da la victoria. No es suficiente tener el Espíritu Santo. Es necesario ser lleno de él, es decir, vivir sumiso a su voluntad. Es necesario dejarlo entrar a todas las áreas de nuestra vida. Necesitamos dejar que él tome el control de nuestros pensamientos, emociones y de todo nuestro ser. La llenura del Espíritu Santo es algo constante y permanente. Y es allí donde podrás decir junto con el apóstol Pablo:

"Estoy convencido de que nada podrá separarnos del amor de Dios: ni la muerte, ni la vida, ni los ángeles, ni los poderes y fuerzas espirituales, ni lo presente, ni lo futuro, ni lo alto, ni lo profundo, ni ninguna otra cosa creada por Dios. ¡Nada podrá separarnos del amor que Dios nos ha mostrado en Cristo Jesús nuestro Señor!" (Romanos 8:38, 39 *Dios Habla Hoy*).

Ejemplos de crecimiento en la vida de santidad

En la Biblia encontramos muchos ejemplos de hombres y mujeres que fueron usados en forma poderosa por Dios. Sus vidas se caracterizaron por una entrega total a la voluntad de Dios. Vivieron en santidad, es decir apartaron sus vidas para dedicarlas al servicio de Dios. De éstos sólo tomaremos algunos ejemplos:

Rut. La vida de esta mujer moabita es ejemplo de consagración y dedicación. Su vida se caracteriza por el amor, la abnegación, la fidelidad, el servicio, el trabajo y el buen testimonio. Después de la muerte de su esposo, Rut decide acompañar a su suegra Noemí que había perdido a sus dos hijos y ahora también estaba a punto de perder a sus dos nueras. Pero Rut tuvo compasión por ella. No estaba obligada a acompañar a su suegra. Podía abandonarla allí mismo tal como lo hizo Orfa. Rut, motivada por el amor, decide acompañarla y le dice: "No me ruegues que te deje, y me aparte de ti; porque a dondequiera que tú fueres, iré yo, y dondequiera que vivieres, viviré. Tu pueblo será mi pueblo, y tu Dios mi Dios. Donde tú murieres, moriré yo, y allí seré sepultada; así me haga Jehová, y aun me añada, que sólo la muerte hará separación entre nosotras dos" (Rut 1:16, 17).

Con estas palabras llenas de amor y abnegación, Rut decide renunciar a la alegría de la vida, descanso, hogar, esposo e hijos. El único interés de Rut es servir a su suegra, estar junto a ella, y serle fiel. Noemí se considera fracasada, pues está en una situación de sufrimiento, después de haber perdido a su esposo y sus dos hijos. Se siente sola, y sin futuro. Rut acompaña a Noemí como una hija a su madre, como una verdadera amiga, dejando atrás su país y su futuro. En su nueva patria, Rut es ejemplo de buen testimonio. Booz le dice más adelante: "Toda la gente de mi pueblo sabe que eres mujer virtuosa" (Rut 3:11b).

La acción noble de Rut fue admirada por los judíos. También fue ejemplo de diligencia y trabajo. Cada día salía a trabajar con sus manos para sostenerse ella y a su suegra. Rut nos enseña que la santidad se vive en el servicio desinteresado, en el amor y en la compasión por nuestro prójimo.

Aquila y Priscila. Fue un matrimonio santo. La primera noticia que tenemos de ellos es en Hechos 18:2, durante el segundo viaje de Pablo en la ciudad de Corinto. Allí permanece con ellos Pablo por espacio de año y medio.

En Corinto se dedican a la evangelización y a la enseñanza, mientras trabajan en su trabajo secular: la fabricación de tiendas. Para Aquila y Priscila no había problema en servir a Dios como matrimonio, y como pareja. Hoy día hacen falta matrimonios consagrados para llevar a cabo la obra de Dios por todo el mundo.

Hoy hay jóvenes que al casarse se despiden de la iglesia y del servicio a Dios. Todas las parejas en el altar no sólo deben jurarse mutuo amor sino también deben consagrar su matrimonio y sus futuros hijos para el servicio de Dios. Aquila y Priscila no sólo fueron maestros y evangelistas, sino también fervientes misioneros. Los encontramos en Corinto con Pablo (Hechos 18:1, 2), más adelante en Efeso donde se dedican a la formación de obreros. Apolos es entrenado y capacitado por este matrimonio y luego comisionado y nombrado misionero a Corinto (Hechos 18:26; 1 Corintios 16:19; 2 Timoteo 4:19). Después los encontramos en Roma, dedicados de lleno a la tarea de evangelización y a la obra misionera (Romanos 16:3, 4). Aquila y Priscila eran un matrimonio que vivía la santidad en el fiel testimonio y en el servicio a Dios. Para ellos no había ni valían excusas para no servir a Dios. ¿No te has preguntado si acaso Dios te está llamando para la tarea misionera? ¿No te has preguntado si el Señor está pidiendo que levantes una iglesia en tu nuevo barrio, colonia o ciudad a donde te has mudado? No hay nada más hermoso y de más grande satisfacción que servir a Dios en la santidad del matrimonio, trabajando juntos en la extensión del reino de Dios.

José. La vida de José es ejemplo vivo de responsabilidad, diligencia, fidelidad y humildad. Además, fue un joven de buen testimonio, servicial y temeroso de Dios. Después que fuera vendido por sus hermanos, es nuevamente vendido en Egipto como esclavo. Estando en Egipto es puesto en la casa de Potifar donde le sirve con responsabilidad. Por ello es elevado al puesto de mayordomo de toda la casa (Genesis 39:1-20). Allí en la casa de Potifar frente a la tentación de la mujer de Potifar, él se mantiene firme y fiel a Dios y a su amo. José huye de la tentación y como resultado, es calumniado por la mujer y después encarcelado.

En medio de las situaciones difíciles y de los obstáculos, José se acuerda de Dios. Sabe que Dios es el que lo había bendecido y que no lo había abandonado. José llega a ser después el segundo en todo Egipto, y reconoce que es porque Dios está con él.

Cuántas veces nos olvidamos de las bendiciones de Dios, cuán rápido olvidamos todo lo que Dios ha hecho por nosotros. José fue diligente en todo lo que el rey le encargó. Cuán acostumbrados estamos hoy día a que en la iglesia se sirva al Rey de reyes con orgullo, mala gana y por obligación. La diligencia y la responsabilidad son el resultado natural de una verdadera vida de santidad. Como libre, como esclavo, como mayordomo y como gobernador, José siempre mantuvo la humildad y la fidelidad a Dios. En la pobreza y en la esclavitud no murmuró ni se quejó contra Dios. En la abundancia no lo olvidó. José demostró que nada ni nadie podía separarlo del amor de Dios. Quizá nunca cantó una canción o escribió un salmo, o recitó un verso a Dios, pero sí fue fiel toda su vida. Su canción y su alabanza fue su vida misma. Perdonó a sus hermanos, sirvió a su pueblo, cuidó de su familia y todo esto fue producto de la presencia de Dios en su vida (Genesis 39:2, 3, 5, 21, 23; 41:38).

Daniel. Todos conocemos la historia de Daniel, aquel joven judío que se encontraba lejos de su patria, viviendo en la cautividad en Babilonia. Daniel es ejemplo para nosotros en la oración constante, la fe, la firmeza, el amor al estudio de las Santas Escrituras y también en el buen testimonio. Daniel, nos dice la Biblia, propuso en su corazón no contaminarse con las comidas dedicadas a los dioses paganos (Daniel 1:8). Después, frente a los decretos del rey, se mantiene firme. Nada ni nadie podía hacerlo caer de su fidelidad a Dios, ni siquiera los decretos de un rey. Estaba dispuesto a morir pero nada ni nadie le iba a arrebatar el real tesoro de su corazón. Fue calumniado, acusado y condenado a muerte, pero Dios siempre lo sostuvo. La fidelidad de Daniel se debió a que temía a Dios y también a su vida de oración. Oraba diariamente, buscaba el rostro de Dios cada mañana, cada tarde y cada noche (Daniel 6:10; 9:4-19).

No podemos vivir en santidad en tanto somos negligentes en la oración. Somos débiles y cedemos a las tentaciones fácilmente porque no oramos. Jesús nos dijo: "Velad y orad para que no entréis en tentación" (Mateo 26:41). ¿Has podido velar en oración una hora con Jesús? Para el sacerdote Samuel era un pecado no orar delante de Dios por su pueblo (1 Samuel 12:23). Tú y yo somos sacerdotes de Dios y no debemos tomar a la ligera nuestra negligencia en la oración. ¡Oh, cuánto nos hace falta vivir en constante oración!

Solamente después de que hayamos orado mucho estaremos listos para ver las grandes obras de Dios. En el tiempo de Daniel reinaron Nabucodonosor, Ciro y Darío. Vinieron y pasaron reyes e imperios pero Daniel siempre permaneció firme porque se sostuvo de rodillas como viendo al invisible.

Bernabé. La mayoría de nosotros quizá no ha oído hablar mucho acerca de Bernabé que era el sobrenombre de José y significa "Hijo de consolación". José es ejemplo en la fe y en el amor a Dios. Era un hombre lleno del Espíritu Santo, visionario, dispuesto para toda buena obra y de corazón bondadoso (Hechos 4:36, 37).

Fue enviado desde Jerusalén hasta Antioquía donde sirvió en la enseñanza y la predicación del evangelio (Hechos 11:22). Posteriormente, junto con su sobrino Juan Marcos y Pablo, emprenden el primer viaje misionero. Fue apartado por el Espíritu Santo para la gran obra misionera (Hechos 13:2). Movido por el Espíritu Santo sale a predicar a tierras lejanas. La pasión por las almas perdidas es una carga sólo en hombres y mujeres llenos del Espíritu Santo. Bernabé es sensible a la voz y a la voluntad de Dios. La iglesia de Antioquía era una iglesia con visión y con trabajo misionero por causa de hombres llenos del Espíritu Santo como Bernabé y Pablo. La visión de predicar en otras tierras es obra del Espíritu de Dios, y el Espíritu no sólo nos da la visión, también nos da el valor y la fe para llevarla a cabo no importando cuantos peligros hay por delante.

Jesús. Jesús no es un ejemplo más, es Dios mismo revelándose al hombre en forma humana. Es el ejemplo perfecto y completo de lo que es vivir en santidad. Tres cosas podemos mencionar de su vida:

1. Su perfecto amor. En Jesús encontramos encarnado el amor verdadero y perfecto. Dio su vida, sufrió, dejó su gloria y poder por amor. Jesús es el primer misionero que dejó Padre, gloria y honor para venir y dar su vida en rescate por muchos. Se humilló, se negó a sí mismo por amor. Y este amor es el que él nos ha dado y derramado en nuestros corazones.

2. Su vida se caracterizó por una perfecta obediencia al Padre, nunca buscó hacer su voluntad sino sólo la voluntad del Padre. Siempre estuvo bajo la voluntad de Dios hasta el día de su muerte.

3. Su vida de oración. Oraba sin cesar, oraba durante largas

noches hasta el amanecer (Mateo 14:23; Marcos 1:35). Su comunión con el Padre fue perfecta, aun cuando fue tentado en todo. Siendo y también sintiendo como todo hombre nunca se apartó del Padre.

Sugerencias para estudio personal y en grupo

Completa las siguientes oraciones.

1. Según el apóstol Pedro tenemos que añadir a nuestra fe, virtud, conocimiento, _____ paciencia,_____ , afecto fraternal y _____ . Porque si estas cosas están en vosotros, y abundan, no _____ ni _____ y no caeréis jamás (2 Pedro 1:5-8, 10).
2. La meta de todo cristiano es llegar a _____
   (Efesios 4:13)
3. El discípulo de Jesús para vivir en santidad debe vivir en:
   a) _____
   b) _____ c) _____
4. Menciona tres resultados de vivir una vida de santidad:
   a) _____ b) _____
   c) _____
5. Menciona cuatro características de un siervo fiel:
   a) _____ b) _____
   c) _____ d) _____
6. Explica cómo puedes tú ser ejemplo en: Amor, fe, pureza (1 Timoteo 4:12).
7. Explica la relación entre fe, conocimiento, obediencia y la esperanza.
8. Explica cómo añadir conocimiento a tu fe.
9. ¿Cuál es el propósito de tener el Espíritu Santo? (2 Timoteo 1:7_____
10. Da dos razones de por qué podemos vivir una vida victoriosa (Romanos 8:31-34, 38, 39).
    a) _____ b) _____

CAPITULO 8

INFLUENCIA Y PRESENCIA

Pablo Deiros y otros

En su libro *Megatrends 2000,* John Naisbitt y Patricia Aburdene nos introducen a lo que ellos consideran es la época más importante en la historia de la civilización: la que ahora vivimos. Estamos viendo una innovación tecnológica sorprendente, un período de oportunidades nunca visto, reformas políticas increíbles y un extraordinario renacimiento cultural. En sus predicciones, destacan que la vida se presentará con enormes posibilidades y tremendos desafíos. Los jóvenes marchan hacia la plenitud de sus oportunidades en esta época cuando la humanidad se encamina hacia una nueva era.

¿Cómo estamos viviendo estos años tan llenos de novedades? ¿De qué manera la perspectiva de un nuevo mundo, totalmente diferente al de nuestros antepasados, afecta nuestra manera de vivir la fe en Jesucristo? ¿Cuál es el lugar que, como discípulos de Jesús, debemos ocupar en esta sociedad compleja y emocionante que se está gestando?

Avivamiento espiritual

Una de las predicciones más sorprendentes de Naisbitt y Aburdene es el avivamiento espiritual que se avecina. Según ellos, hay señales inconfundibles de un avivamiento religioso mundial y multidenominacional. Muchísimos jóvenes chinos y rusos están fascinados por la religión y se están volcando a la fe. Cada vez son más los jóvenes que se consideran "religiosos". Hay un incremento de la espiritualidad. La gente está buscando vivir una experiencia religiosa significativa.

Esto no quiere decir que necesariamente sea la fe cristiana la que capte el entusiasmo religioso de la juventud. Hay corrientes de pensamientos y tendencias sociales que con alarmante éxito están atrayendo a la juventud. Este es el campo de batalla en que el joven cristiano lucha y puede salir vencedor porque ya el terreno está preparado.

Cómo Dios preparó el terreno

Dios ha estado preparando el terreno para un derramamiento inédito del Espíritu Santo, que resultará en un avivamiento espiritual sin precedentes en nuestro mundo.

En la década de 1950 comenzó la cosecha espiritual más grande de la historia del cristianismo. Los frutos han ido aumentando a lo largo de las décadas que siguieron. En la década de 1960 surgió una mayor *compasión por los pobres y oprimidos*, con un sentido de urgencia de suplir sus necesidades. Esta conciencia social ha ido creciendo y se ha expresado de diversas maneras en la vida y el testimonio de los creyentes y las iglesias. Durante la década de 1970 comenzó un *gran movimiento mundial de oración*. Millones de cristianos comprendieron la necesidad de "orar sin cesar" y han hecho de la oración personal y comunitaria un requisito para el testimonio cristiano. En la década de 1980, la *proclamación del evangelio* tomó un nuevo auge en que el púlpito, la música, el uso de medios de comunicación masiva y el testimonio personal se han unido poderosamente, como fruto de la oración mundial.

Un despertar sin precedentes

Es de notar que toda vez que estos procesos ocurrieron en el pasado, desembocaron en un poderoso avivamiento espiritual. Estamos viendo ya un despertar espiritual sin precedentes en muchas partes del mundo y particularmente en sectores del mundo de habla hispana. ¿Qué parte les toca a los jóvenes cristianos en tal avivamiento?

Los jóvenes, con su influencia y presencia, son y serán un factor determinante en este acontecer mundial. Cada joven cristiano tiene su propia y particular misión que cumplir. Dios lo demanda y, a la vez, lo capacita y le da el poder que necesita. La nuestra no es una tarea fácil, ni es el despertar espiritual algo que sucederá como por arte de magia, sin luchas y conflictos. El embate del pecado y los ataques directos de las fuerzas de las tinieblas son una realidad constante que hemos de enfrentar con poderosas armas espirituales.

Las armas que necesitamos

¿Cuáles son las armas con que contamos para que nuestra influencia y presencia sean eficaces?

El arma de sabernos parte de un pueblo en marcha

Hay ciertos elementos que son de carácter global y que saberlo constituye una poderosa arma ya que alientan nuestra confianza en el triunfo final de la fe en Jesucristo. Los jóvenes cristianos formamos parte de un pueblo en marcha, que a través de su acción comprometida con el reino, va cumpliendo con los designios divinos para la redención de la humanidad, hasta que el Rey vuelva. Nos alienta saber que la fe en el Señor Jesucristo va avanzando cada día hacia nuevas fronteras y que el Espíritu Santo está levantando día a día nuevos apóstoles que anuncian el evangelio. Comenzamos ya a ser testigos de la revolución misionera más grande desde que Guillermo Carey iniciara el movimiento misionero moderno al ir a la India a fines del sigo XVIII. Un nuevo movimiento misionero está gestándose rápidamente en el que los cristianos del Tercer Mundo cobran especial significancia. En 1980 ya había 13.000 misioneros de países del Tercer Mundo. En 1988 su número había crecido a 35.000. Se espera que pronto la cantidad de misioneros del Tercer Mundo supere a los provenientes de Europa y los Estados Unidos. ¿No es sorprendente? Y quizás dentro de poco, los jóvenes que leen estas páginas estén sirviendo fuera de su país con frutos abundantes.

Y, en el presente, no sólo la acción de los misioneros, pastores y obreros cristianos tiene relevancia. El poder del Espíritu actúa como nunca en el sector juvenil para alcanzar a las vidas jóvenes que tienen en sus manos el futuro de la humanidad. Entonces, cabe considerar el compromiso que nos corresponde a cada uno en este proceso. La influencia y presencia del joven cristiano en el mundo es hoy más necesaria que nunca. No podemos excluirnos de la responsabilidad que nos toca.

El arma de la comunión personal con el Señor

Escuchar a Dios es un arma poderosa. ¿Estamos escuchando su voz? En otras palabras, ¿estamos haciendo de la *lectura de la*

Biblia y la meditación un hábito cotidiano? Para muchos jóvenes cristianos, la vida cristiana se reduce a una experiencia de conversión en el pasado, sobre la que apoyan su pretensión de ser discípulos de Jesús. Pero esto no es bíblico. El discipulado es una experiencia continua, es un proceso permanente de entrega al Señor y de compromiso renovado de sometimiento a él cada día. Afirmar que somos cristianos porque un día le entregamos nuestro corazón a Jesús es engañoso si esa experiencia no se ha recapitulado continuamente desde entonces. No podemos ser jóvenes cristianos que influyan con su presencia en el mundo, si la influencia de Cristo no se vive día a día por la obra de su Espíritu como resultado de nuestra comunión personal constante con el Señor.

El arma de la obediencia

¿Estamos obedeciendo al Señor? La obediencia a él se traduce en un discipulado integral y total que no hace concesiones al mundo. No coquetea con el mundo. La obediencia que el Señor reclama de sus discípulos jóvenes debe expresarse en una vida de santidad y militancia. Las exigencias actuales son de tal índole, que quienes pretendan contemporizar con el mundo serán tragados por un orden de impiedad e injusticia sin precedentes en la historia de la humanidad. La santidad de vida es la exigencia mayor para todos los creyentes y, por ende, para los jóvenes. Nos tenemos que habituar a decir NO al mundo y sus poderosas atracciones, y afirmar nuestro SI valiente al control absoluto de Cristo sobre nuestras vidas. Lo que sea menos que esto llevará a la derrota y la claudicación. En el contexto de guerra total contra el maligno, un paso hacia atrás por desobediencia, puede significar un daño muy grande para uno mismo, para sus compañeros de milicia y para quienes necesitan saber del evangelio.

El arma de la alabanza y adoración

Tenemos que contar con un concepto adecuado y vital de la alabanza y adoración, y captar el profundo sentido de la verdadera adoración que debe ser "en espíritu y en verdad". Debemos recordar que adorar al Señor es básicamente *ministrarle a él*, es decir, servirle a través de la adoración en nuestra congregación. ¡Cuántas veces evaluamos un culto según nos gustó o no, si fue alegre o aburrido; en otras palabras, según haya producido *en nosotros* una satisfacción estética o racional! Pero esto no es adoración en términos bíblicos. Adorar significa hacer y decir lo que agrada *al Señor*. Los judíos de la antigüedad celebraban sus cultos según les parecía bien a ellos, y el Señor los condenó (Isaías 1:10-20).

Si vamos a prepararnos espiritualmente para ejercer alguna influencia de valor a través de nuestra presencia en el mundo, es necesario que alabemos a Dios y lo adoremos con todo nuestro ser. No podemos influir positivamente sobre la alabanza y adoración a Dios de otros jóvenes si nosotros mismos no vivimos una vida de genuina alabanza y adoración a él. Para ello, nos será necesario atender a lo que la Biblia nos enseña que satisface al Señor y a lo que él demanda (Colosenses 3:16, 17). Cada vez que abrimos nuestros labios para cantar, orar, testificar de su obra en nuestras vidas o exponer su Palabra, hemos de hacerlo con la plena conciencia de su presencia poderosa.

Además, nuestra adoración debe ser con la plena certidumbre de que no adoramos a un Dios ausente y extraño, sino a Alguien que es real y está presente en medio de su pueblo. Nuestra adoración debe ayudarnos a descubrir al Señor y toda su grandeza, pero debe ayudarnos también a descubrir al Señor en nuestros prójimos. Es en el rostro de quienes nos rodean que vemos el rostro de Jesucristo. De allí que si nuestra alabanza y adoración no va acompañada de actos concretos de justicia y misericordia es incompleta. La adoración que más agrada al Señor es aquella que se traduce en gestos de amor hacia nuestros prójimos.

El arma de un testimonio de poder

Necesitamos desarrollar un testimonio de poder. Notemos que no estoy diciendo un "testimonio poderoso". De hecho, en tiempos como estos no habrá un testimonio poderoso si la expresión de nuestra fe no es un "testimonio de poder". Cuando Jesús estuvo entre nosotros predicó el reino de Dios con poder (Marcos 1:14, 15; Mateo 9:35; Mateo 4:23; Marcos 1:31; Lucas 4:44).

El testimonio en sí no es poderoso sino que el poder radica en el Señor que hace posible el testimonio. Es el poder que reclamaba Jesús al orar a su Padre a cada paso. Sea cual fuere la acción a realizar, Jesús la hacía con poder divino, el mismo que está a nuestra disposición. Jesús prometió: "...el que cree en mí, él también hará las obras que yo hago. Y mayores que éstas hará..." (Juan 14:12).

Este poder ya vino a la iglesia el día de Pentecostés (Hechos 2), y a cada creyente desde el momento mismo de su aceptación de Cristo como Salvador y Señor de su vida. El poder del Espíritu Santo ya está en nosotros, dispuesto a obrar a través nuestro para hacer que nuestra presencia en el mundo sea de gran influencia para su redención. ¿Y cuál es nuestra parte? Decidirnos a usar el poder de Dios a nuestra disposición. Si lo tomamos en serio y nos valemos de él, vamos a poder ejercer una gran influencia cristiana positiva en nuestro mundo. El único testimonio cristiano capaz de ser pertinente y relevante en el caos espiritual y moral en que se encuentra la sociedad, es ese testimonio de poder.

El arma de la oración poderosa

Ya hemos mencionado la oración, pero su importancia es tal que se hace necesario volver a destacar el poder de la oración eficaz. En tiempos cuando los cambios son muy rápidos y radicales, y cuando esos cambios afectan sustancialmente los valores, el creyente joven debe ejercitarse en una oración poderosa para no ser arrastrado por la corriente o sucumbir en la batalla. Fue en circunstancias como esas que Jesús convocó a sus seguidores a velar en oración (Mateo 26:41). La buena voluntad no es suficiente. Hace falta la fortaleza singular que sólo la oración puede proveer en el plano personal y también como parte del ejército de Dios en combate. Es la condición para que el resultado de la batalla nos sea favorable y obtengamos la victoria. Cualquier estrategia en favor del perfeccionamiento del reino fracasará, a menos que de rodillas clamemos al Padre y luchemos en oración.

Los jóvenes debemos dar a la oración un lugar muy significativo en nuestras vidas, y no pensar que es un ejercicio espiritual para gente menos ocupada que nosotros o mayores en edad. Si no queremos morder el polvo de la derrota frente a Satanás y el pecado, el arma de ataque más poderosa será la oración personal y colectiva. ¡No la descuidemos!

Percepción, disposición y acción

Necesitamos desarrollar una fuerte percepción y disposición seguidas por la acción.

¿Percepción?

Sí. Mira a tu alrededor, a los jóvenes de tu mundo. ¿Qué ves? Ves mucho de bueno pero también mucho de malo. Por un lado, jóvenes que anhelan vivir para el Señor. Por el otro, una juventud contaminada por cosas que la sociedad, habiendo caído en manos de Satanás, les presenta como moral cuando es inmoral, como gratificante cuando es denigrante, como positivo cuando es negativo.

Cada vez son más difusas las líneas que separan el bien del

mal. No tenemos más que mirar el efecto de la liberalidad sexual: miles de niños gestados fuera del matrimonio; el aborto como una excelente solución al problema, el SIDA con sus nefastas consecuencias. No tenemos más que mirar las horas desaprovechadas y malgastadas en música grosera, discotecas repletas de jóvenes que se aturden y pierden todo sentido de identidad, en películas aberrantes que apelan a los más bajos instintos del alma juvenil. No tenemos más que observar la obsesión por triunfar en vocaciones y carreras y amasar dinero como un fin en sí mismo.

¿Disposición?

Sí. Habiendo percibido cómo realmente es y hacia donde va el mundo en que te desenvuelves tiene que haber en ti una disposición certera para ser la influencia y presencia que tu medio necesita para volverse al Señor. Es el momento de mirar hacia adentro e identificar tu disposición.

¿Te aislas del mundo?, ¿o quieres pasar desapercibido en lo que a tu fe se refiere?, ¿o te preocupas pero te sientes como un gusano impotente?, ¿o quieres luchar, estás dispuesto y listo para hacer algo que valga, que realmente influya?

Si te aislas vives en una falsa tranquilidad. Tu influencia es nula y nula es tu presencia. ¡No te aisles! Recuerda que Jesús oró por ti diciendo: "No ruego que los quites del mundo, sino que los guardes del maligno" (Juan 17:15).

¿Quieres que tu fe pase desapercibida? Si tu respuesta es sí, tu problema es que quieres evitar rechazos, enfrentamientos, burlas y desprecios. Tu problema es que has caído presa de un espíritu de cobardía. No has experimentado todavía la fuerza de la promesa bíblica: "Porque no nos ha dado Dios un espíritu de cobardía, sino de poder, de amor y de dominio propio" (2 Timoteo 1:7). Dios convertirá tu cobardía en valentía.

¿Te preocupas pero te sientes impotente? Has dado ya el primer paso en la dirección acertada: te preocupas, lo que significa que no sólo percibes el error en que viven tantos de tus amigos y compañeros sino que te inquieta saber que ellos pueden aspirar a una vida abundante y rica en Cristo. Necesitas solamente superar tu sentido de impotencia. Puedes, valiéndote de las armas que ya hemos presentado en este capítulo. Vuelve a leerlas. Medita en lo que cada una puede hacer para convertirte en un potente testigo del Señor.

¿Quieres ya luchar, hacer algo que valga, que realmente sea una influencia para acercar a otros a los pies del Salvador? ¡Te felicito! Estás en posición de tomar las armas espirituales que harán posible que cumplas tu cometido en el puesto que Dios te asigna en la batalla y entrar en acción.

¿Acción?

Si tu percepción es aguda, si tu disposición está totalmente de acuerdo con la fe que dices profesar, el resultado maravilloso e inevitable será la acción. Es un tipo de acción que se traduce en tu manera de ser, tu estilo de vida y un magnetismo irresistible. Seguramente tú conoces a un joven o a una joven así —su presencia atrae a los demás como un imán—. La gente se le acerca con naturalidad. Este es el tipo de acción que Jesús espera de ti para ejercer una influencia sobre tanto adultos como jóvenes y niños a tu alrededor que instintivamente buscan algo mejor, de más valor que dé sentido a sus vidas.

Sigue luchando con fidelidad

Por mejor testigo que seas, ten en cuenta que no todos aceptarán el poder de tu testimonio. Pero no te desalientes ni dejes de seguir luchando con fidelidad. Recuerda que ni siquiera Cristo fue aceptado por todos y que el rechazo fue tan cruel que terminó en la violenta muerte en la cruz. Tampoco aceptaron todos el testimonio de Pedro, Pablo y los demás apóstoles y varios murieron por el odio que el evangelio generaba. Pero el mensaje de salvación no murió con Cristo. Ni murió con sus apóstoles. Porque, aunque no todos aceptan el poder del testimonio cristiano, siempre habrá quienes sí lo acepten. Siempre hay junto al joven cristiano almas en quienes la semilla del evangelio dará fruto. Esta certidumbre es la que te asegura la victoria. Tu fidelidad y tu testimonio ya llevan en sí el sello de victoria.

En suma, hablar de la influencia y presencia del joven cristiano en el mundo es hablar de la influencia y la presencia de Dios en la vida del joven primeramente. Es entonces que puede ser una presencia que se sienta y una influencia que cuente. Es entonces que puede ser luz del mundo y sal de la tierra.

Sugerencias para estudio personal y en grupo

Preguntas para pensar:

1. Según Naisbitt y Aburdene, nuestra época se caracteriza por el avivamiento espiritual. ¿Qué indicadores se pueden identificar de tal avivamiento?

2. Cada vez son más difusas las líneas que separan al bien del mal. ¿Puedes identificar ejemplos de esto?

3. Cuentas con las armas necesarias para ser influencia y presencia en nombre de Cristo en tu radio de acción. ¿Cuáles son?

Dos ejemplos para imitar:

1. ¿Te acuerdas qué flojo era el apóstol Pedro antes de la muerte y resurrección de Cristo? Todo cambió después de perseverar con los demás seguidores del Señor "unánimes en oración". Su influencia y presencia llegó a ser de tanto poder "que hasta sacaban los enfermos a las calles y los ponían en camillas y colchonetas, para que cuando Pedro pasara, por lo menos su sombra cayese sobre alguno de ellos" (Hechos 5:15).

2. Eran compañeros de facultad y estudiaban juntos. Uno de ellos era evangélico y el otro, en realidad, no era nada. Por las muchas horas que pasaban juntos se conocían muy bien. Muchas veces, en los momentos de descanso conversaban sobre "sus cosas". Era algo natural que reflejaba el alma de ambos. El estudiante evangélico abiertamente compartía sus sentimientos por el Señor y su fe en él, sin ningún efecto perceptible sobre su compañero.

Cuando se recibieron de médicos se bifurcaron sus caminos y el compañero cristiano siempre sentía un poco de desengaño por no haber podido "ganar a su amigo para Cristo". Pasaron varios años. En la vida del amigo que no creía mayormente en nada sucedió una gran tragedia. En su dolor y desesperación se acordó de su compañero evangélico.

No pudo encontrarlo a él, pero sí se acercó a una congregación evangélica donde halló el consuelo y la paz que necesitaba en el Cristo que un día había visto en la vida de su amigo. Su influencia y presencia había continuado después de su separación y aquel auténtico testimonio de poder había hecho su obra a su tiempo.

Dilemas para resolver

1. Eso de "estar con" alguien sin casarse es algo que ves todos los días: en las revistas con sus chismes sobre celebridades a quienes admiras, en las telenovelas y las películas y muy probablemente entre tus amistades. Esto se ha generalizado a tal punto que ya te parece natural, que no es cosa de otro mundo. ¿Qué influencia está ganando en tu vida si esto es así? ¿Qué armas le falta tomar al joven cristiano que pierde sensibilidad de lo que es moral?

2. Tienes tu rueda de amigos. Cuando se reúnen para tomar un cafecito empiezan a contar chistes. ¿Cómo puedes saber si tu influencia y presencia valen de algo en ese momento?

3. Terminaste tus estudios y empiezas a ejercer tu profesión. Por primera vez tienes que pagar el impuesto a los réditos y decides no incluir algunas ganancias para así pagar menos. Le das a tu secretaria los formularios para llenar. Ella sabe de esas ganancias y que no las reportas. Le parece de lo más normal. Es lo que todo el mundo hace. ¿Qué pasa aquí con tu influencia cristiana?

Una prueba

Identifica a las personas a tu alrededor sobre las cuales ejerces influencia. En una escala de 1 (nula) a 5 (excelente), califica tu influencia y presencia cristiana sobre ellas.

Nombre	Calificación
1._____	_____
2._____	_____
3._____	_____
4._____	_____
5._____	_____